千壁寻踪

元圆科技 编著

天妤探寻传统文化之行

電子工業出版社
Publishing House of Electronics Industry
北京·BEIJING

图书在版编目（CIP）数据

千壁寻踪 : 天妤探寻传统文化之行 / 元圆科技编著 . -- 北京 : 电子工业出版社 , 2024.5

ISBN 978-7-121-47666-2

Ⅰ . ①千… Ⅱ . ①元… Ⅲ . ①中华文化 - 通俗读物 Ⅳ . ① K203-49

中国国家版本馆 CIP 数据核字 (2024) 第 074154 号

责任编辑：陈晓婕　特约编辑：马　鑫
印　　刷：北京瑞禾彩色印刷有限公司
装　　订：北京瑞禾彩色印刷有限公司
出版发行：电子工业出版社
　　　　　北京市海淀区万寿路 173 信箱　　邮编：100036
开　　本：720 × 1000　1/12　　印张：19　　字数：364.8 千字
版　　次：2024 年 5 月第 1 版
印　　次：2024 年 5 月第 1 次印刷
定　　价：128.00 元

凡所购买电子工业出版社图书有缺损问题，请向购买书店调换。若书店售缺，请与本社发行部联系，联系及邮购电话：（010）88254888，88258888。

质量投诉请发邮件至 zlts@phei.com.cn，盗版侵权举报请发邮件至 dbqq@phei.com.cn。
本书咨询联系方式：（010）88254161 ～ 88254167 转 1897。

寻千年碎片
游萬里河山

序

新时代背景下，敦煌舞的活化与传播

新时代是文化大发展大繁荣的时代，也是需要文化软实力提升的时代。在新时代这个历史节点上，文化软实力的提升离不开对传统文化的活化传承与创新传播。

敦煌地处我国河西走廊最西端，是中原通往西域各国的咽喉之地，因此也成为古代“丝绸之路”的节点城市。这里造就了亚欧文明的互动以及中原民族与少数民族文化交融的历史盛况，是多元文明相互切磋与碰撞的“华戎交汇之地”。敦煌莫高窟壁画中的舞蹈形象是敦煌文化艺术的重要组成部分。新时代，敦煌舞的活化与传播对发扬新时代文艺思想、繁荣新时代文艺形态具有重要的学术和现实意义。

一、新时代的敦煌舞延续着源远流长的活化传承

中华文明绵延千年而未中断，中国舞蹈就是一个突出的表征。作为传承和延续中华优秀传统文化的舞蹈流派，敦煌舞既具有丰富的地域特色，又具备与时俱进、创新发展的艺术品质，几十年来持续发展、传承不息。

20世纪末期，敦煌舞逐渐进入了多元化的探索时期；到了21世纪，更是进入了繁荣发展的阶段，涌现出许多优秀的舞蹈作品和表演艺术家；如今，敦煌舞通过各种平台和新形式的挖掘与创新，找到了新的传播出口。

此前，我作为剧创指导，促成了敦煌舞的道具舞蹈——巾舞（火焰纹绸舞）在首个文化出海的国风虚拟数字人天好的短剧《千壁寻踪》中亮相。身披火焰纹绸的舞者与天妤在虚拟世界中相遇。在天妤的琵琶曲中，舞者配合各种旋转及挥洒动作，将敦煌舞蹈演绎得淋漓尽致。

天妤的短剧拉近了敦煌舞与大众的距离。人们在手机屏幕前就可以叩开厚重的历史之门，静心观赏舞者展示的曼妙舞姿。这也让我意识到，在新时代背景下，敦煌舞的活化与传播需要以科技为弓、艺术为箭，才能让敦煌文化深度抵达用户的内心。敦煌舞利用现代科技将潜藏在壁画、造像中的动人舞姿具象化，这种活化传承精神是敦煌舞几十年来持续发展、传承不息的动力所在。

二、新时代的敦煌舞的传播需具有时代性

新时代背景下，敦煌舞要想实现创新性传播，就需要兼具时代性和传承性。在我看来，传承性体现在敦煌舞自身所蕴含的深厚的文化价值，时代性体现在敦煌舞蹈元素与现代元素的有效融合。

当然，这种融合并不是简单粗暴地将传统文化符号植入作品的浅层表面，而是需要长时间深入打磨，并且在细节上反复考证和雕琢。天妤短剧《千壁寻踪》第3集中出现的巾舞，正是敦煌舞时代性传播的具象体现。

纵观浩如烟海的敦煌石窟艺术，“执巾而舞”的壁画形象数不胜数。虽说大多是烘托佛国的欢乐景象，但从某种意义上也反映了中国古代乐舞高度发展的历程。这些壁画上千姿百态“执巾而舞”的艺术形象，对于敦煌舞的持续发展以及传承敦煌艺术文化具有重大意义。在唐代敦煌壁画中，巾舞是数量最多、最常见的舞蹈，舞者手持长巾，达到了身、绸、技的和谐，构成了极具巾舞韵味的身体语言。

想要将巾舞这种具有深厚文化底蕴的舞蹈进行时代性传承，作为创作者的我们必须要认真付出。天妤与我的这次合作共创，也经历了无数考察调研与沟通尝试。我们通过对乐舞伎的眼神、手势和舞姿的研究，提取出巾舞的基本形态，并结合天妤的琵琶韵律，最终达到了完美的呈现。舞者在天妤的琵琶声中纵横腾踏，以火焰纹绸的飞旋舞动将剧情推向高潮，将希望之意象和能量充分展现给观众。正因如此，观众也得以在屏幕上直接触摸到古老且遥远的敦煌，感受它深奥而神秘的美。

同时，敦煌舞的时代性传承还需在舞蹈中融入现代的思想感情。要详细而准确地了解现代人的情感追求和审美需要，在舞蹈的编排和表达上与大众产生共鸣，带给民众情感上的冲击。我与天妤短剧的合作，同样也在剧情中探索传统与现代的结合点。剧情中“年轻女舞者对传承传统敦煌舞蹈的迷茫与退缩”与“老艺术家对敦煌舞蹈传承的初心与坚持”，拨动着每一位观众的情绪……随着剧情的推动，敦煌舞润物细无声地传播进观众内心。

这是传统和时代结合的独特魅力。融合了传统巾舞和时代情感的天妤短剧，让观众从曼妙舞姿入手，渐渐达到情感共鸣，逐步完成了对敦煌舞文化的摄入和升华。这次合作让我更加意识到“匠心”的意义，只有具备时代性的传播形式，才能让人们被敦煌舞的文化内核所吸引。

敦煌舞悠长的文化背景是一个取之不尽的瑰宝，不同的雕琢方法将会呈现不同的效果，而科技提升也为敦煌舞的传播带来了更多的选择。在未来，我也想尝试更多打破“次元壁”的传播方式，让承载时代文化印记的敦煌舞蹈走入越来越多大众的视野。

五千年文明，我们看不腻的是这朝夕变换、盛衰交替。敦煌舞蹈的传承更离不开敦煌舞蹈艺术工作者们将深厚的传统文化与开阔的现代视野相结合，创造性地从敦煌壁画中汲取灵感，创作出具有时代性的经典作品，向中华优秀传统文化致敬。

敦煌舞的活化和传播为我们提供了一个观测和认识中华文化传承发展的范例样本，启示着我们要在文化自觉的引导下通过活态传承和创新传播来拉近与人们的距离，通过贴近时代、扎根大众来坚持传统文化的根骨。唯有如此，敦煌舞、敦煌文化乃至传统文化才能站在新时代、新起点，承接传统文化的优质基因，拥抱人类优秀文明成果，形成稳定的文化传承和演化方式，成为历史长河中永不磨灭的动人图景。

国家一级演员，北京舞蹈学院教授，研究生导师，中国古典舞系敦煌舞教研室主任

史敏

自序

时间如白驹过隙，天妤已经上线2年了。我们团队里的每一位成员都时常感慨，时间快得如“一眨眼”。此时此刻，让我们不禁回想起当初创作天妤的初心。

首先，当然是时代的大势所趋。虚拟技术、大数据、人工智能等尖端技术的成熟，使虚拟数字人本质上作为一种科技产物，成为新的内容创作风口。我们作为一家与现代科技相关性较强的公司，虚拟数字人天妤是我们布局科技赛道的突破口。

与此同时，随着中国综合国力的不断提升、文化自信的不断加强，国人的审美观念经过日韩潮流、非主流文化等的激荡又重新回溯中国古典传统。国潮越来越受到年轻人的青睐。但从实践上来说，国潮没有固定样态，它是一种风格，渗透于歌曲、影视、时装、建筑等各个具有审美的领域，能激发起国人的文化自豪感。

虚拟数字人天妤正是科技进步与时代文化共同作用下酝酿出来的一个平衡点。

自2022年4月22日出道以来，天妤坚持以“科技+文化”的形式，在短剧中通过一个个中国传统文化元素的展现，讲述中国传统文化的故事，向世界传播中国文化。

作为首个文化出海的国风虚拟数字人，天妤深受大家的喜爱。截至2024年3月，天妤累计全网粉丝数超550万，全网视频播放量超4亿次，相关话题播放量超10亿次。我们很欣慰，天妤给大家传递出了一种可能性——未来科技与传统文化也可以结合得非常完美。

一路走来，鲜花和汗水并行。天妤的成功并不偶然，而是我们团队一次次努力的必然。

首先，在创作天妤的每一个环节，我们团队都坚持：为人所不为，才能实现别人所不能。

在最开始的形象设计阶段，我们团队为了最大限度地还原中国文化之美，特意邀请了北京服装学院敦煌服饰文化研究暨创新设计中心的学者担任设计师，参考了大量的史料。比如，妆容上使用的黛眉、斜红、莲花形花子，深度还原了新疆吐鲁番阿斯塔那墓出土的唐代女俑妆容；发型、饰品参考了历史文物，设计出双环望仙髻、嵌松石卷草纹花钿等多款传统饰品。

更值得一提的是，目前的超写实虚拟数字人绝大部分在场景中穿着的都是成衣，而非定制服装。而为了让天妤的国风形象更加精致，发饰、妆容、服装都是定制的。我们以敦煌壁画上的联珠纹、散花纹、团花纹、宝相花等纹样为灵感来源，制造出了整体服饰的华美之感。

经过前前后后50多次的原画修改、建模，团队终于完成了天妤的形象，但挑战才刚刚开始。我们不仅面临着较长的制作周期、超高的内容制作费用的制约，还必须克服当时因技术不成熟而造成虚拟数字人面部表情奇怪、肢体动作僵硬等问题。

一次次的尝试才能带来突破。我们通过自研AI算法完成了全身细节的精准生成和智能化修正，优化分布式云端渲染、光线追踪等算法，大幅降低了算力消耗，提高了模型和贴图精度的生成能力，真正实现了“低延迟、高保真”，确保了天妤在静态和动态双重视角下的超写实外观，以及面容、表情、肢体等动作的生动自然。天妤的每一根发丝的飘动、每一次眼波的流转，均栩栩如生，美到摄人心魄。天妤在上线后被大家称为“虚拟人妆容天花板”“国泰民安脸”，我们可以拍着胸脯说是“实至名归”。

当形象的新鲜感消退之后，天妤应当如何持续丰富人设、增进情感黏性？这是我们团队面临的第二个挑战。

内容为王的时代，建立起迎合时代、用户认可、具有高期待度和新鲜感的锚点价值，才是天妤塑造长期价值的关键。天妤频创行业首例，不断革故鼎新，就是因为我们团队始终扎根于内容。

天妤依托《千壁寻踪》短剧跟大家见面，以收集壁画碎片为线索，将中国传统文化元素进行数字化演绎。短剧中讲述了反弹琵琶飞天、散花飞天、火焰纹绸巾舞、山海经神兽开明、武术、日晷、醒狮等主题。在以传统文化为主题立意的基础上，大胆调用具有未来科技感的赛博元素，并结合当下的热点社会议题，创作出了符合当下观众喜好、能引发强烈共鸣的精品内容。

我们团队在剧情打造中同样强调文化传承与专业性，在创作过程中邀请了相关领域专家指导。比如，巾舞一集邀请了国家一级演员、北京舞蹈学院教授史敏。她为短剧特意改编了之前的舞蹈，重现了流传上千年的火焰纹绸舞姿。

虚拟数字人兴起两年多以来，行业起起落落，众多虚拟数字人轮番登场又销声匿迹。“活”下来，对于虚拟数字人来说不是一件容易的事。在成本更高的超写实虚拟数字人赛道，内容创作上的成本、质量、时间的“不可能三角”的矛盾更加突出。面对这一困扰行业的普遍问题，天妤选择以“卷”作解。当然，这里的“卷”并不是无谓的消耗与不计成本的投入，而是在大方向精准把控的基础上，对具体内容的有效规划。

最直观的表现就是更新频率。在虚拟数字人的短剧领域，天妤的更新频率已经很高了。我们一直在努力做到月更三到四条，把内容更新频率提上去，也因此被称为“最卷虚拟数字人”。这也使天妤始终保持着上行的发展曲线，没有在出道爆红后开始走下坡路，反而在不断突破中一步步坐稳了头部虚拟数字人的位置。

因为有血有肉，所以可信、可爱。天妤成长过程中还有一些意外收获。在短剧评论区、弹幕区更是成为粉丝们的“许愿池”。各种朴素、接地气的祈福与祝愿，让团队之前没有设定但无比贴切的“许愿”人设越来越清晰。

也正是这个原因，我们想把这本书作为天妤上线两周年的生日礼物，送给陪伴着天妤成长的你们。在书中，你能看到天妤成长过程中的点点滴滴，能看到天妤对传统文化的传承，更能看到我们的初心。

假作真时真亦假，无为有处有还无。我们希望天妤给人的感觉不只是“高大上”的偶像，而以活生生的“人”的姿态与大家进行互动，深度参与现实生活中正在发生的事情，形成新的社会关系与情感联结。

北京元圆科技有限公司

第三篇　短剧

目录

第一篇

世界观

在遥远的隋唐时期，敦煌——这座坐落于丝绸之路上的文化瑰宝，不仅成为东西方商贾云集的繁华商都，更是多种宗教文化交融共生的圣地。在这片充满神秘色彩的土地上，人们以无比虔诚之心，精心描绘了众多气势恢宏的壁窟，用于供奉他们心中至高无上的神灵。

中唐时期，一个名为“天妤”的飞天形象悄然出现在某处洞窟的壁画之上。她仪态万方、神采奕奕，仿佛汇聚了天地间的所有精华与灵气。深受百姓爱戴的天妤，在无尽的香火与祈祷声中逐渐觉醒了自我意识。她深感人们的虔诚与期待，于是决定运用自身神奇的力量来守护这片热土上的百姓，确保他们安居乐业、幸福安康。

然而，好景不长。随着大唐盛世的终结，动乱与纷争开始肆虐这片曾经繁荣的土地。战火纷飞，生灵涂炭，百姓们陷入水深火热之中。视百姓如亲人的天妤无法忍受他们受苦。在强烈的悲悯与义愤驱使下，她毅然决定倾尽所有力量来守护这些无辜的生命。但出乎所有人意料的是，天妤那汹涌澎湃的灵力竟然震碎了洞窟，导致壁画剥落。无数充满神秘力量的碎片如同流星般洒落人间，并消失得无影无踪。而天妤则因擅自干预人间纷争并导致壁画受损，遭到了未知力量的严厉惩罚，从此陷入漫长的沉睡之中。

斗转星移，岁月如梭。千年后的今天，在科技高度发达的时代，天妤的意识意外苏醒。她发现自己置身于一个陌生而奇妙的虚拟世界中。尽管时代变迁、环境迥异，但天妤心中的信念与使命却从未改变。她决定重新踏上征程，寻找那些散落四方的壁画碎片，修复受损的壁画，并再次运用自己的力量守护人间安宁。

在这个充满挑战与机遇的新时代里，天妤将如何巧妙运用科技的力量来实现她的宏伟目标？她能否成功寻回所有失落的壁画碎片并完美修复它们？当她再次面对纷繁复杂的人间纷争与苦难时，又将如何应对与抉择？所有这些悬念和期待都将在后续的故事中逐一揭晓。

茶
客

第二篇

角色设定

一 天妤人物设定

天妤的原型来自敦煌莫高窟那令人叹为观止的唐代反弹琵琶伎乐天。她神态自若，气质非凡，恍若美的化身；其身姿既妩媚又矫健，仪态典雅又不失雍容华贵。她的步伐轻盈如惊鸿般飘逸，风姿绰约，充满生命力。

那时的唐代正处于国力强盛、对外交流频繁的盛世，百姓安居乐业，社会繁荣昌盛。这太平的盛世与百姓的虔诚供奉共同塑造了天妤内心的纯净与善良。她与百姓同甘共苦，竭尽全力为他们带来福祉。在危难时刻，她更是为了百姓挺身而出，敢爱敢恨，率性而为。

千年之后，当天妤再次苏醒时，虽然已洗去了昔日的稚嫩与单纯，但她仍保留着那颗善良温柔之心。如今的她更加成熟稳重、端庄大气，面对世事变迁依然能够保持从容不迫的态度。

二 天妤整体造型设计理念

天妤的服饰与妆饰完美地融合了敦煌艺术中简洁美与繁复美的美学特质，每一处细节都精致入微，令人赞叹不已。在天妤的整体造型以及服饰妆造设计上，我们精心整理、临摹并还原了敦煌壁画与彩塑上的经典纹样与色彩，成功再现了千年前的辉煌与风采。这种将“科技 + 文化”运用于实践的方式，不仅是对敦煌文化的一种全新保护和传承，更让其绚烂多姿的艺术魅力得以在现代社会中绽放新的光彩。

天妤共有三套造型，分别是敦煌装、飞天装以及星月装。

敦煌装

飞天装

星月装

三 天妤服装设计

1. 敦煌装

天妤的敦煌装妆发与服饰设计，得益于北京服装学院敦煌服饰文化研究暨创新设计中心的精心参与。在服饰纹样的选择上，天妤的服饰灵感汲取自敦煌壁画与彩塑中的经典装饰图案。其设计的创新性在于巧妙地融入了宛如乐章般的节奏感，使整个设计在静态与动态之间展现出非凡的和谐韵律。

具体到服装造型的款式，天妤的服装灵感主要来源于唐代壁画中的人物服饰。特别值得一提的是，设计中巧妙运用了唐代极为盛行的石榴卷草纹和团花纹样，这些纹样的线条与服装款式完美融合，展现出高度的一致性。

整体造型方面，设计团队参考了敦煌壁画中的菩萨形象，并结合天女、飞天等的服饰元素进行综合创意。通过精心增加服装的搭配层次、丰富图案细节以及添加精美的璎珞装饰等手段，将天妤的华美与端庄形象刻画得淋漓尽致。

▲敦煌莫高窟盛唐第194窟·菩萨

▲敦煌莫高窟初唐第334窟·天女

天妤敦煌装造型
最终效果展示

敦煌装设计定稿展示说明

款式

云肩翻领半臂

袜肚（抹胸）

披帛

飘带

腰裙

腰带

长裙

配饰
臂钏
璎珞

色彩

纹样
联珠仰月纹
联珠纹
宝相花
卷草纹
散花纹
团花纹

2. 飞天装

天妤的飞天装的设计灵感汲取自邱登成的《敦煌石窟歌》中“莫高千窟列鸣沙，崖壁纷披五色霞。胡杨翠荫阁道外，九层楼接日光华”的诗意描绘，以及敦煌壁画上飞天神女的优雅形象。这款装束的设计灵感，深深扎根于自然与诗意的完美交融。带有祥云图案的精致抹胸，淋漓尽致地展现了古典韵味，与珠片蕾丝的巧妙搭配，折射出落日余晖下大漠那独有的金色魅力。内外两层的设计独具匠心，使衣裳在轻轻摆动间，仿佛呈现出了祥云翻滚、仙气缭绕的幻境之美。这种动态的美感，恰如“水流白烟起，日上彩霞生”所描绘的诗意画面，既充满灵动又不失高雅。它不仅是裙帘及蔽膝设计的灵感所在，更是为整件衣裳注入了灵魂。

面料上点缀的点点星光，宛如夜空中闪烁的繁星投影在波光粼粼的湖面上，绘就了一幅美不胜收的画卷。月白色渐变至天青色的披帛，与绛朱色烫金披帛相互交织，随风轻扬，宛如天边流淌的彩色云霞。这种精致的色彩搭配与图案设计，不仅生动展现了风起时彩云的轻盈与飘逸，更为人们带来了一种仿佛天女踏虹而至的梦幻感受。

▲敦煌壁画上的飞天神女

天妤飞天装造型最终效果展示

3. 星月裝

天妤的星月裝的设计灵感汲取自古句“愿我如星君如月，夜夜流光相皎洁”的深邃意境。古人画月，往往不直接描绘月亮本身，而是通过细腻勾画月光下的景致，运用线条与光影的巧妙交织，烘托出那轮虽未直接呈现于画布之上，却似高悬于画作之外的皎洁明月。这与敦煌莫高窟第 35 窟中，菩萨手托月亮的意象不谋而合。

上襦采用海天色与山矾白蕾丝面料拼接，营造出云雾缭绕的朦胧美感。身侧饰以东方既白的素雅飘带，宛如寂静长夜与破晓时分的交替瞬间。灯笼状的袖笼点缀着朱红色的光点，使清雅柔美的色彩中平添了几分繁星闪烁的灵动。

所搭配的马面裙也采用通体海天碧色，随着动作的变换，在光影映照下自然流露出如月华般的光泽。前片以蕾丝贴花工艺与上襦相呼应，共同勾勒出月色映照下朦胧的清晨薄雾之景。带有珠片的蕾丝则如倾泻的月光，为整体造型增添了一抹神秘而优雅的光彩。

背后垂挂着一条青苍色的飘带，行走间仿佛置身于深夜静谧的雾霭之中。采用双面钉珠工艺，不仅增强了垂坠感，更通过钉珠布局的巧思，呈现了中国古代二十八星宿中南方七宿之“翼宿”的独特样式，将天文之美与服饰之韵完美融合。

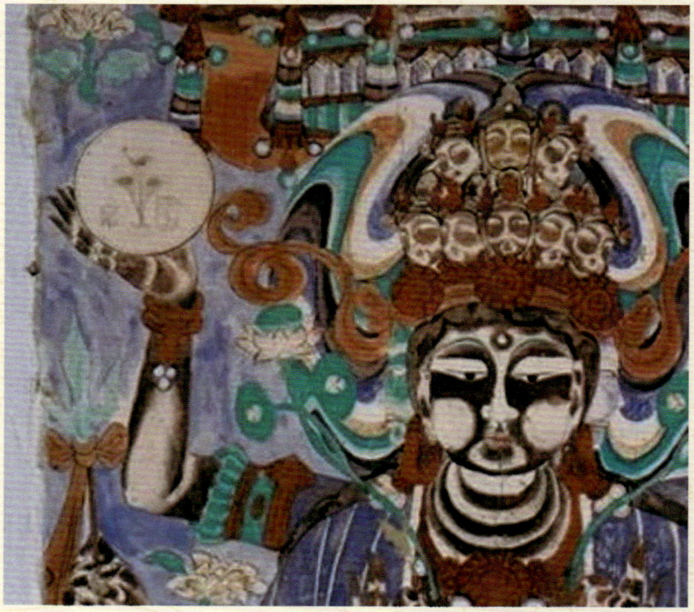

▲敦煌莫高窟第 35 窟·菩萨手托月亮

天妤星月装造型最终效果展示

四 天好妆容设计

1. 莲花妆

莲花妆的设计主要参考了新疆吐鲁番阿斯塔纳出土的唐代木身锦衣舞女俑额部的花钿形状，并在此基础上巧妙地融入了细微的点式设计，使整个花钿看起来更加精美绝伦。为了进一步丰富天好的人物性格，设计团队还从敦煌壁画和彩塑中汲取灵感，参考了其中的飞天、伎乐天等经典形象，为天好量身打造了全新的形象。

莲花妆正面展示

莲花妆斜侧面展示

莲花妆侧面展示

2. 火焰妆

当天妤进入战斗状态时，她会换上火焰妆，眉心的花钿也会随之变化，呈现出炽热的火焰纹样，彰显她的战斗意志与力量。

火焰妆正面展示

火焰妆斜侧面展示

3. 单髻妆

天妤的单髻妆造型设计简约而不失优雅，完美融合了传统与现代元素。

单髻妆正面展示

单髻妆侧面展示

五 天好首饰与发型设计

天好的首饰和发型设计的灵感来源于盛唐时代的装饰风格。唐代是中国历史上一个高度繁荣的兴盛时期，其发饰艺术形成了独特而丰富的风格体系。同时，唐代也是金银器艺术繁盛发展的时期，金银饰品在种类和样式上都极为丰富多样。从考古发掘的出土文物来看，这一点与唐人重视美发、喜爱梳高髻以及发式繁多等风尚有着紧密的联系。在天好的形象设计中，这些历史元素得到了巧妙的融合与再现。

1. 首饰设计

天好的装饰簪花以金花钿为主。所谓“金花钿”，即采用金、银、铜等金属材料精心打造而成的各式饰物，其中尤以花卉形象为常见设计元素，彰显华丽与尊贵。

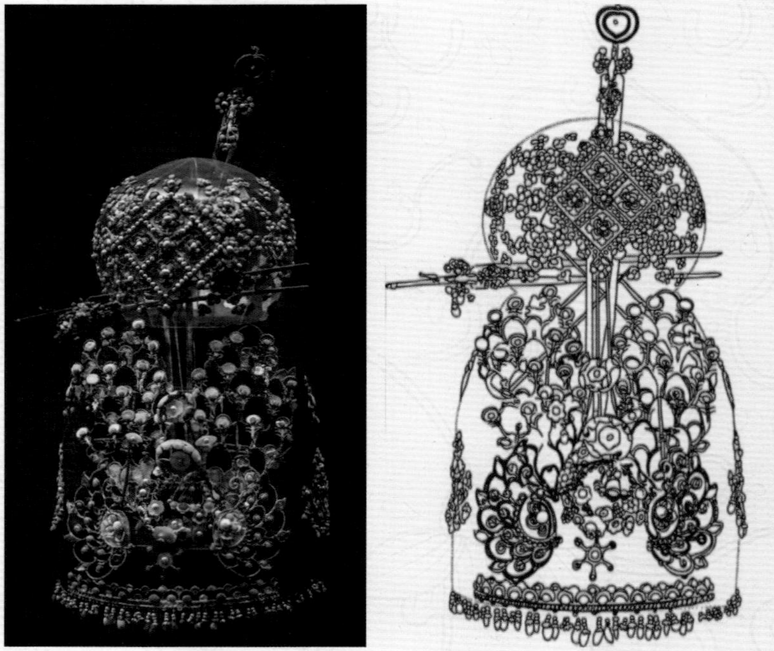

▲ 2001 年，在陕西西安唐王朝宗室后裔李倕之墓出土的首饰

天妤发饰正面展示

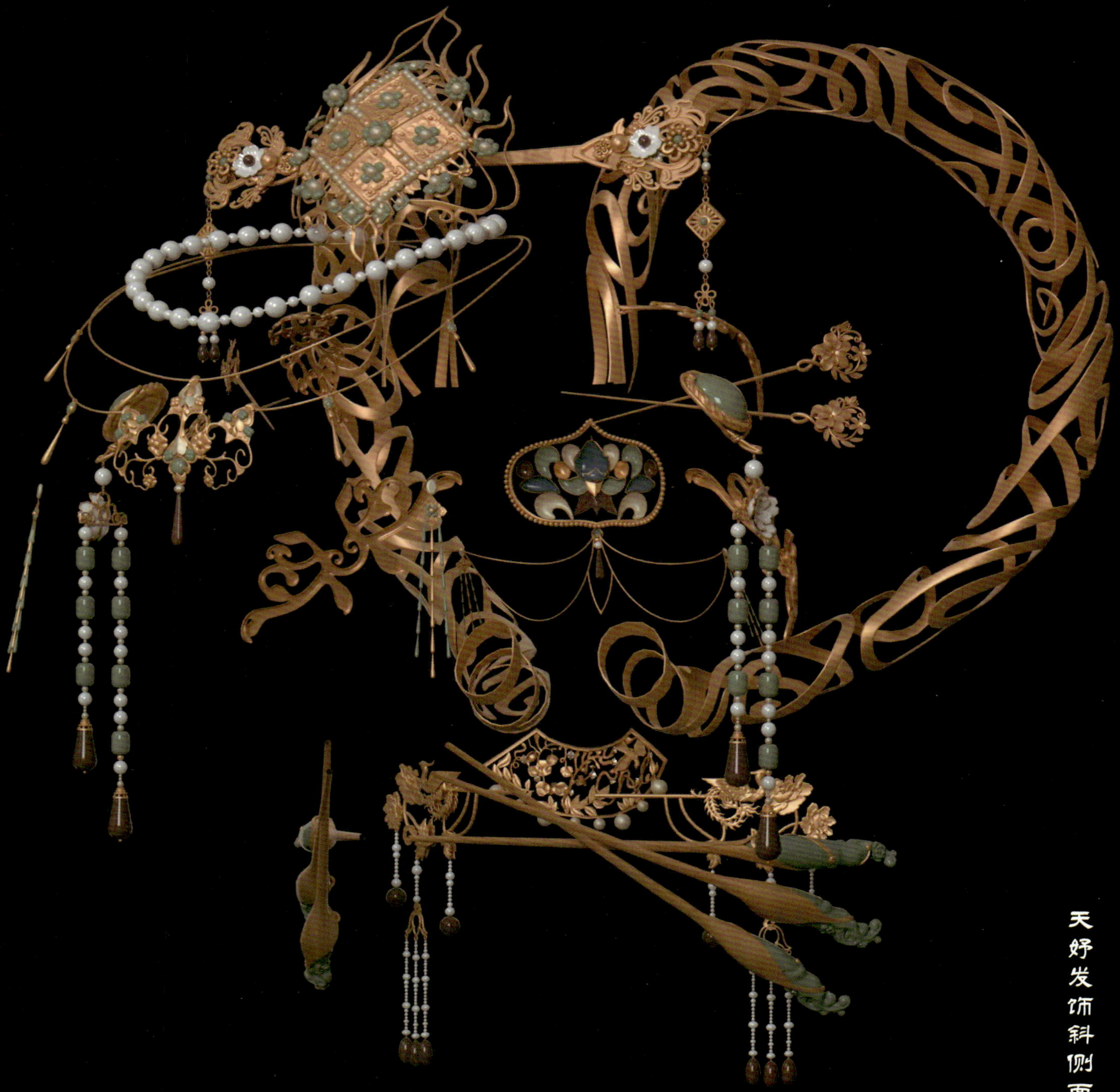

天妤发饰斜侧面展示

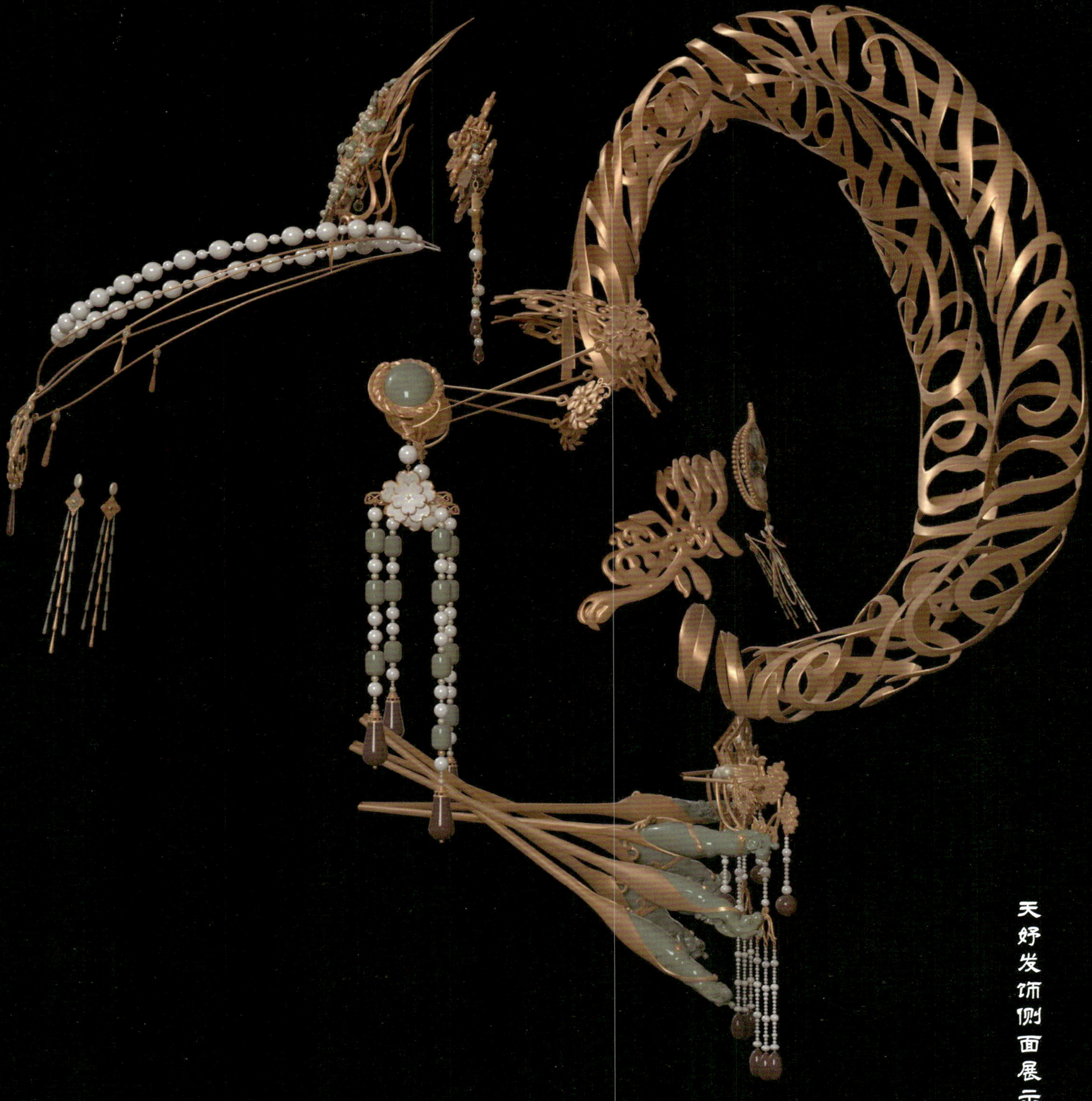

天妤发饰侧面展示

镶珍珠松石方形火焰纹饰牌
鎏金花叶步摇
双环望仙髻
鎏金流云发箍
嵌松石卷草纹花钿
珍珠流苏花钿

天妤发饰正面展示

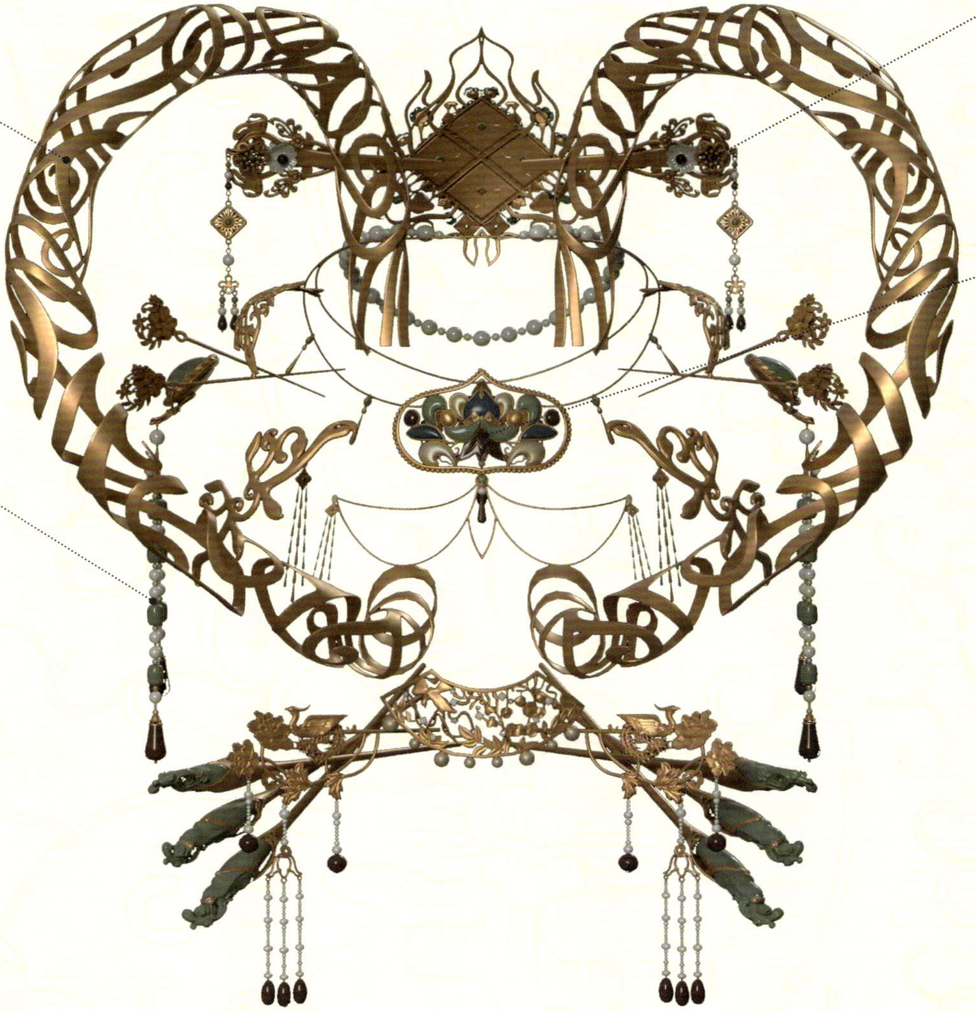
鎏金花叶步摇
双环望仙髻
嵌宝石尖桃形
花钿
珍珠流苏花钿

天妤发饰背面展示

2. 发型设计

天妤的发型被设计为双环望仙髻，这是一种古代中国女性的传统发式，富有优雅与高贵的气质。

天妤头部正面展示

天妤头部背面展示

天妤头部斜侧面展示

天妤头部侧面展示

第三篇

短剧

天好肩负的重要使命，就是在科技时代深入探索并找寻散落的壁画碎片，这些碎片不仅承载着丰富的历史信息，更蕴含着深厚的文化底蕴。她通过不懈努力，将这些碎片一一寻回，并精心修复成完整的壁画，以此作为传承和弘扬中国传统文化的手段。

天好置身于陌生而充满挑战的科技时代，以坚定的信念和无比的勇气，迎接着前所未有的考验。她灵活适应着这个虚拟世界的规则和力量，不断学习、成长，并勇敢地面对各种困难。

天好深知，每一块壁画碎片都是中国文化的瑰宝，都蕴含着先人的智慧和情感。因此，在寻找和修复壁画碎片的过程中，她更加注重对壁画碎片背后文化内涵的挖掘和传播。她希望通过自己的努力，让更多的人了解和珍视中国传统文化，让这份宝贵的遗产在新的时代焕发出更加绚丽的光彩。

在本章中，我们将紧密跟随天好的脚步，共同开启一段新旅程。我们将见证她如何勇敢地追寻那些散落的壁画碎片，并将它们一一复原，让千年的文化历史得以重现生机。同时，我们也将感受到天好在成长过程中所展现出的坚韧不拔和无私奉献的精神，这种精神正是中国传统文化的精髓所在。

第一集

缘起：一梦千年

沉睡千年的敦煌反弹琵琶伎乐天，在神秘空间元境的唤醒下，逐渐找回了尘封的记忆。她名为“天好”，曾因擅自插手人间纷争，导致壁画受损剥落，使无数壁画碎片散落人间。如今觉醒的她，毅然决定降临人间，收集那些散落的碎片，修复受损的壁画，以此引导人们生活回归正轨。在这个过程中，她将亲身经历一段段动人的故事，深刻感受时代的变迁、文化传承的重要性以及人间情感的纯粹与美好。通过这些经历，她自身也获得了成长。

出场人物

天妤

敦煌壁画中的反弹琵琶伎乐天，在千年前因介入人间纷争而使壁画遭受损害。然而，在千年后的今天，她再度苏醒，并下定决心要修复这些受损的壁画，以重新守护和庇佑人间。

故事启幕

当天妤睁开眼睛时，她发现自己身处一个神秘莫测的空间之中，记忆一片模糊，不知道自己是谁，也不清楚为何会出现在这里。

然而，就在她迷茫之际，一个神秘的声音突然响起，引领她的思绪穿越时空，回到了千年之前的大漠敦煌。

千年前，人们建造了雄美的壁窟，而天妤则在壁画之中应运而生，受到百姓的虔诚供奉，从而唤醒了自己的意识。然而，随着战乱的爆发，为了保护心爱的百姓，天妤毫不犹豫地插手了人间的纷争。

世间百姓
修建了雄美的壁窟
你便诞生于这壁窟之中
世人给你起名天妤。
但你入世太深……

天妤全力施展灵力，然而强大的力量却震碎了壁画，无数碎片纷纷脱落，散落人间。面对曾经的历史碎片，天妤不禁疑惑地向元境询问其身份，然而元境却给出了一个充满神秘的回答，令人捉摸不透。

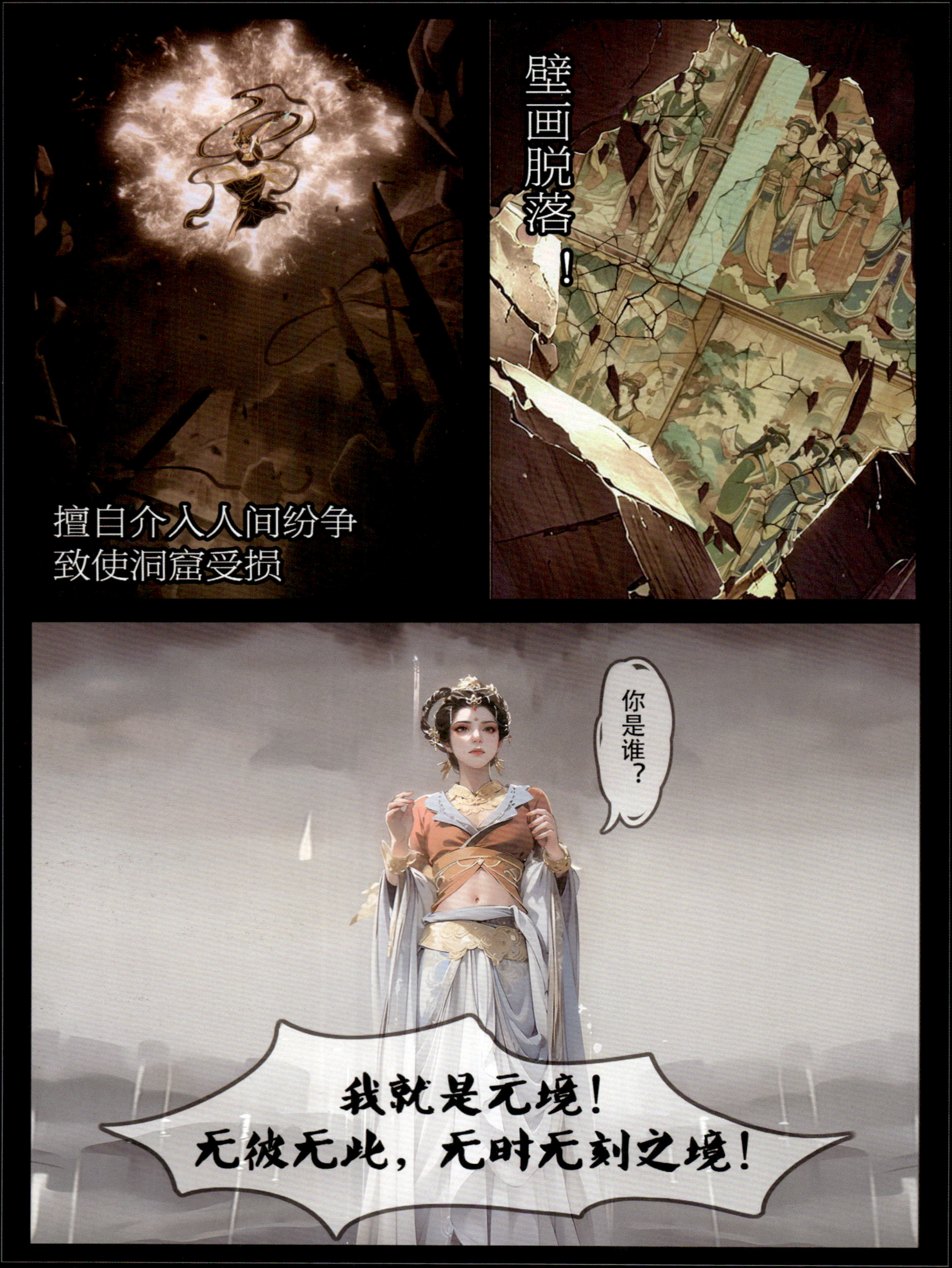
擅自介入人间纷争
致使洞窟受损
壁画脱落！
你是谁？
我就是元境！
无彼无此，无时无刻之境！

元境向天好透露，那些曾经散落于人间的壁画碎片，如今仍在扰乱着人间的安宁。随着一阵阵剧烈的头痛袭来，天好终于找回了自己失去的记忆，她的眼神也重新变得坚定有力。她毅然决然地决定找回那些散落的碎片，修复受损的壁画，以此来重新守护和庇佑人间。

壁画碎片散落四方
扰乱人间！
你即为因
亦应为果！
痛苦——
坚定——
一切皆因我而起，
我自当修复壁画，
重佑人间！

随着天妤的话音落下，一道时空之门缓缓开启，透露出神秘莫测的光芒。天妤目光坚定地向着时空之门迈去，准备迎接门后那充满未知与挑战的全新世界……

时光剪影

誠興麻雀公司
福港
西藥行
酒吧
啲啤
畅饮
24 hrs
全日

天妤小碎片

“飞天”不仅是敦煌石窟壁画中描绘的飞神形象，还是中国敦煌壁画艺术中的专有名词，它寓意着自由、灵动，以及对美的追求。天妤以隋唐时期的飞天形象作为基础艺术造型，巧妙地将深厚的美学底蕴与现代虚拟技术相融合。她不仅汲取了中国传统文化的精髓，更以创新的方式将其展现给世界，成为连接现代科技与传统文化的重要纽带。

第二集

琵琶：狩猎密室

天好降临人间，开始追寻壁画碎片的踪迹。当她来到一家密室门前时，她的花钿感应到了法器琵琶“司御”的气息。怀着好奇与期待，天好踏入密室，欲一探究竟。然而，她却发现密室老板利用幻境术法欺骗迷惑众人。为了揭开司御的谜团，天好毅然决定接受密室的挑战。

经过一番艰苦的探寻与智慧的较量，天好成功破解了密室的谜题，并通过暗道找到了司御的所在。然而，就在此时，密室老板却突然现身，用数据藤蔓将天好与司御一同困住，企图瓮中捉鳖。看着密室老板得意洋洋的笑容，天好心中的愤怒如火山喷发。

在这危急时刻，天好运用灵力唤醒了沉睡的司御。琵琶司御在天好的召唤下发出震耳欲聋的轰鸣，瞬间飞入她的臂弯。天好紧抱琵琶，再现了壁画中经典的“反弹琵琶”英姿，以无与伦比的气势制服了密室老板，并成功收复了“琵琶”碎片。

出场人物

密室老板

他性格邪气狂妄，一旦激动就难以自抑得手舞足蹈。他经营着一家名为“飞天密室”的场所，然而这背后却隐藏着不为人知的秘密——他通过吸取玩家的生命能量来维持那个充满诱惑的飞天幻境。

故事启幕

天好在追寻碎片的过程中，偶然在一家密室的门前感应到了法器琵琶『司御』的微弱气息。怀着好奇的心情，她踏入店中一探究竟。

此时，密室老板正兴致勃勃地向顾客们介绍着他独创的『飞天密室大逃亡』游戏。

密室老板偷偷按下一个神秘的按钮，半空中随即浮现出天妤的倩影，她美得如梦如幻，让在场的众人惊叹不已。然而，唯有天妤自己洞悉了这一切的虚幻，她深知这只不过是一个精心编织的幻境。就在这时，老板用锐利的目光捕捉到了人群中的天妤，他狡黠地一笑，故意将一张卡片交到天妤手中，并神秘兮兮地告诉天妤：如果想要欣赏到完整的伎乐天表演，就必须先成功逃出他设下的密室挑战。

在密室老板即将退场之际，他对着天妤露出了一个神秘的冷笑，这让天妤立刻警觉到其中必有蹊跷。于是，天妤毫不犹豫地接受了挑战，开始破解一道又一道复杂的密道。经过一番努力，她终于来到了一个充满神秘气息的房间。房间的正中央赫然摆放着天妤的法器——司御。

天妤试图解救被囚禁的司御，然而却被数据网牢牢束缚，无法动弹，她感到痛苦万分。就在这时，密室老板悠然地现身，揭开了这一切的阴谋——原来他一直在利用司御的算力来维持这个幻境。天妤愤怒地斥责老板的无耻行径，但老板却因为成功困住了天妤的本尊而更加得意洋洋，对她的愤怒视若无睹。

愤怒的天妤释放出强大的神力，成功唤醒了被囚禁的司御。司御感应到天妤的召唤，迅速飞到她的身旁，与她并肩作战。天妤起身，额上的花钿瞬间变为火焰状，她以经典的『反弹琵琶』之姿，施展出强大的算力，将密室老板制服在地。随着老板的落败，天妤成功收复了『琵琶』碎片，向修复壁画又迈出了重要的一步。

鼠辈……
汝有何能！
你到底是谁！
你不是就想看
反弹琵琶吗
唰—
那就给我
仔细看好了！

时光剪影

天妤小咔片

在现代，我们常见的琵琶多为四弦琵琶。然而，在南北朝至隋唐时期，五弦琵琶却占据了主流地位。由于其能更完美地演绎出恢宏磅礴的音乐气势，五弦琵琶深受当时人们的喜爱。随着时间的流转，宋代以后四弦琵琶逐渐崭露头角。其弹奏得曲调更加婉转，情感表达更为细腻，最终取代了五弦琵琶的地位，成为现今最为常见的琵琶形式。在天妤所处的时代，流行的是五弦琵琶，因此她所怀抱的也是能奏出震撼人心乐章的五弦琵琶。

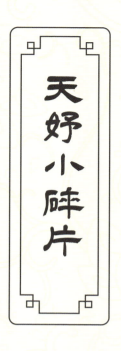

第三集

巾舞：时空舞者

天妤在经过一家酒吧门口时，突然感应到了“火焰纹绸舞”碎片的存在。她好奇地走进酒吧内观察情况，却意外撞见一位老者和一位年轻女孩正在激烈地争吵。经过了解，原来这两位是师徒关系，都是火焰纹绸舞的传承者。师父老武对徒弟小拾的表演缺乏热情表示不满，而面对师父的批评，小拾却心怀怨气地反驳道：根本没有观众来欣赏他们的表演，她又如何能提起兴致呢？

就在此时，小拾误以为师父老武已经找了其他人来替代自己，情绪更加激动，愤然离场。开场在即，演员却突然离场，这让年过半百的老武倍感无奈。他只好自己登台表演，然而因体力不支而摔倒在地，引来观众的嘲笑。

就在这尴尬的时刻，天妤挺身而出。她弹奏着琵琶为老武注入灵力，帮助他恢复年轻时的状态。在老武的带领下，观众仿佛置身于繁华的大唐世界，欣赏了一支即将失传的火焰纹绸舞。观众被老武精湛的舞技所惊艳，纷纷报以热烈的掌声。

老武跳完最后一支舞后，郑重地向观众谢幕，并化作了“火焰纹绸舞”的碎片。天妤将这块碎片带回壁画之中，为修复壁画又贡献了一份力量。

出场人物

小拾

一位 20 岁出头的美丽少女，她热爱舞蹈，跟随老武学习舞蹈多年。然而，由于观众稀少，她只能跟随师父辗转于各种娱乐消遣的场所进行表演，以此维持生计。

老武

作为火焰纹绸舞碎片流落人间的化身，老武在人间沉浮多年，一直怀揣着能再次舞出自己年轻时那段盛世之舞的梦想。如今，在天好的帮助下，他终于如愿以偿，以一场震撼人心的表演告别了舞台，化作碎片回归壁画，也留下了永恒的传说。

故事启幕

天妤追寻着『火焰纹绸舞』的碎片，来到一个酒吧的后台。在那里，她意外地发现老武和他的徒弟小拾正陷入激烈的争执中。老武情绪激动地指责小拾的表演缺乏热情与投入，声音中透露出深深的失望和无奈。

小拾激动地反驳道：『根本就没有人看我们的表演，我哪儿来的热情！』就在这时，天妤走进了后台，小拾误以为她是师父找来的替身，愤然离场。天妤看着小拾的背影，轻轻叹了口气，然后转向老武，告诉他该跟随自己回到壁画中去了。老武闻言，面露遗憾，似乎对未能完成的舞蹈和离去的徒弟都心存不甘。

在酒吧的喧闹声中，失意的小拾独自一人坐在角落里。突然，台上的灯光亮起，照亮了整个舞台。身披火焰纹绸的老武静静地站在舞台中央，他的出现立刻吸引了所有人的目光。

老武尝试着舞动起来，然而毕竟年事已高，体力不支，他摇晃着倒在了台上。台下的观众哄堂大笑，这一幕让小拾感到十分担忧，她下意识地起身想要冲上台去。突然，天妤现身奏响琵琶，一股强大的灵力注入老武的身体，帮助他重新站了起来。老武重新站稳后，在天妤的帮助下，再次跳起了火焰纹绸舞，这一次，他的舞姿更加有力，更加动人。

在天妤的灵力帮助下，老武重新稳住身形。他一个华丽的转身，仿佛时光倒流，回到了自己年轻时的模样。火焰纹绸在他手中翩然飞舞，如同梦幻般的场景再现。伴随着老武的舞步，众人仿佛穿越时空，共同置身于那繁华的大唐盛世之中……

在天好的琵琶伴奏下，老武为观众呈现了一场精彩绝伦的火焰纹绸舞表演。他的舞姿矫健而优雅，火焰纹绸在他的手中舞动，仿佛有了生命一般。观众被这场表演深深折服，台下掌声雷动，经久不息。而小拾也似乎被师父的表演所感染，重新找回了自己学习火焰纹绸舞的初心和热情。老武跳完最后一支舞，伴随着一阵耀眼的光芒，他感到自己即将离开这个世界。在天好的引领下，他化作一道流光，随天好一同回归壁画之中。

时光剪影

天妤小碎片

巾舞，这一因舞者手执长巾作为舞具而得名的优雅舞蹈，其历史可追溯至周代的鞞（pí）舞。随着时间的推移，执巾而舞的形式逐渐发展并演变，最终在唐代达到了巅峰，成为当时妇女们展现风采的一种流行方式。在这一时期，舞女们常常手执华丽的披帛起舞，将巾舞的魅力展现得淋漓尽致。值得一提的是，当天妤降临人间时，她也曾目睹并参与了这一盛行于宫廷与上层社会的舞蹈盛宴。天妤的优雅身姿与巾舞的飘逸韵律相得益彰，共同演绎了一段跨越时空的文化传奇。在她的影响下，巾舞不仅得以传承和发展，更被赋予了新的生命力和文化内涵。

第四集

围棋：神的期待

天好在一个古朴宁静的民家小院外，突然感应到了“围棋”碎片的微弱气息。她好奇地走进小院，发现一位精神矍铄的老爷爷正专注地坐在院子里的棋盘前，似乎完全沉浸在了围棋的世界中。天好上前，礼貌地邀请老爷爷一同下棋，老爷爷欣然应允。

就在两人展开激烈对决、棋逢对手之时，老爷爷的孙子小圆兴冲冲地跑了过来，缠着爷爷要陪自己玩最新的 VR 游戏。然而，老爷爷正全神贯注于棋局，告诉小圆自己现在不能分心。受到冷落的小圆感到不满，冲动之下打翻了棋盘。

这一举动意外地激怒了隐藏在围棋中的神灵——弈秋。弈秋突然现身，将小圆带入了一个虚幻的围棋世界，并展开了一场生死博弈。天好见状，毫不犹豫地追随小圆进入虚拟世界，用白子与弈秋的黑子展开了激战。

随着对弈逐渐进入高潮，天好和小圆陷入了险境。然而，在危急时刻，小圆突然想起了爷爷曾经教过自己的一招绝妙棋艺：“征子不利，反被屠龙”。他瞬间领悟，并带领天好成功扭转了局势。最终，两人手中的白子战胜了弈秋的黑子，天好成功救下小圆，并离开了虚幻的围棋世界。

弈秋作为“围棋”碎片的化身，见证了天好和小圆的勇敢与智慧。他心悦诚服地跟随天好返回了壁画之中。

出场人物

弈秋

他拥有一副青年的俊美容颜，但实际上却是围棋之神，长久以来一直深藏在棋盘之中，默默守护着这份古老而神秘的技艺。

小圆

他是性格叛逆的青春期少年，往往容易被新鲜事物所吸引。然而，他儿时常与爷爷对弈，爷爷的棋艺在不知不觉中深深地影响了他，使他在围棋领域展现出不俗的实力。

老方

小圆的爷爷，非常热爱围棋，和蔼可亲。

故事启幕

天好正在院子里与老方下棋，两人棋逢对手，正斗得难解难分。突然，老方的孙子小圆兴致勃勃地跑了过来，他手里拿着最新的VR游戏设备，兴奋地要爷爷试试他的新游戏。然而，老方却表示自己正在下棋，不能分心去尝试游戏。小圆听后感到有些失望和不满，他一气之下打翻了棋盘，棋子散落一地。

老先生，这局我若赢了要拿走一颗黑子。
爷爷！来试试我的VR游戏！
兴奋
哼！围棋有什么好玩的？
哎呀！爷爷现在不能分心！
!!

小圆的行为不慎激怒了隐藏在棋盘中的围棋之神——弈秋。弈秋决定给这个无礼的少年一个教训，于是将小圆引入了虚幻的围棋世界，与他展开一场生死博弈。眼见弈秋巨大的黑子犹如山岳般压来，小圆惊恐万分，无法招架。就在这危急时刻，天妤突然现身，并施展出强大的算力，巧妙地挡住了弈秋的黑子攻势，成功救下了小圆。

天妤恳请弈秋随自己返回壁画，然而弈秋却傲然表示，只有赢过他，他才会考虑此事。就在此时，弈秋发动猛烈的攻势，征子如疾风骤雨般袭来。天妤眼疾手快，连忙带领小圆躲避。然而，弈秋的攻势愈发猛烈，天妤与小圆手中的白子逐渐被逼入绝境，情况岌岌可危……

就在这时，小圆紧盯着棋盘，突然感觉眼前的局势有些似曾相识。他仿佛回到了过去和爷爷下棋的日子，那些温馨的回忆渐渐浮现在眼前。他记得，每当自己即将落败、懊恼不已时，爷爷总是笑呵呵地教给他一个绝招。而现在，他终于想起了那个能够破局的方法！

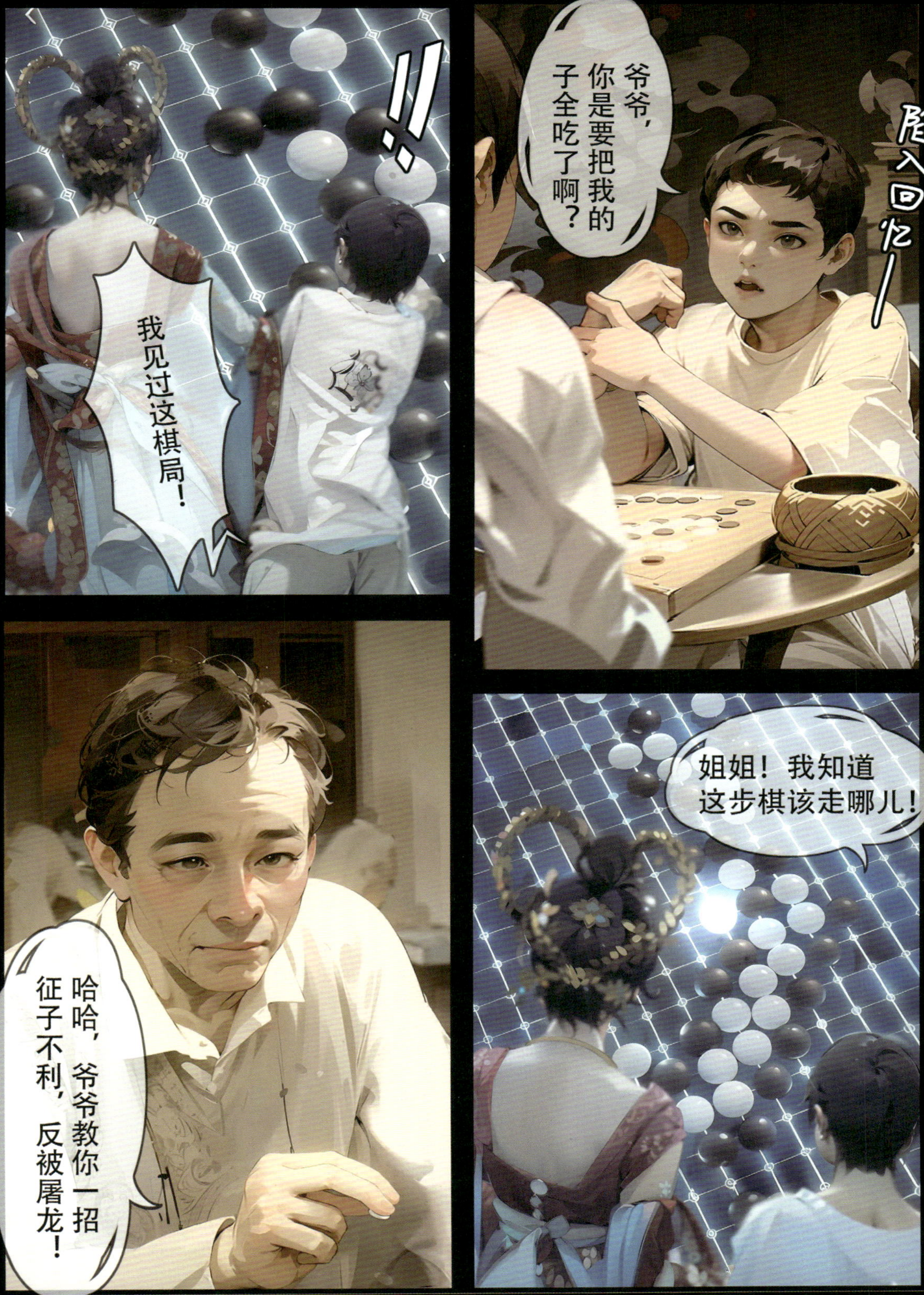
!!
我见过这棋局！
陷入回忆——
爷爷，你是要把我的子全吃了啊？
哈哈，爷爷教你一招征子不利，反被屠龙！
姐姐！我知道这步棋该走哪儿！

随着白子精准地落下，局势在瞬间发生了惊天逆转。棋盘上的棋子仿佛被注入了生命，幻化成黑、白两条巨龙在空中激烈厮杀。经过一场惊心动魄的较量，最终白龙成功将黑龙吞噬，宣告了白子的胜利。弈秋不禁对小圆的棋艺表示叹服，他心甘情愿地跟随天妤返回了壁画之中。

小圆重拾快乐，再次与爷爷对弈于棋盘之上，享受着围棋带来的智慧与乐趣。而天好也顺利完成了使命，成功收复了珍贵的『围棋』碎片。

时光剪影

天好小碎片

围棋，据信为中国古代“五帝”之一的尧帝所发明，拥有超过 4000 年的悠久历史。在春秋战国时期，围棋已有相关记载，随后于隋唐时期经由朝鲜传入日本，进而流传至欧美各国。作为一种策略性极强的棋类游戏，围棋因其博大精深、变化莫测而广受赞誉。在错综复杂的棋盘上，黑白双方轮流落子，通过围地与吃子来争夺最后的胜利。每一步棋都凝聚着棋手的智慧与决断。值得一提的是，“落子无悔”这一成语正是源自围棋文化，寓意着决策之后应坚定不移。

第五集

散花飞天：活人古董

天妤为了追回失落的“散花飞天”碎片，义无反顾地在深夜潜入了一家地下古董拍卖会现场。随着拍卖会的开始，神秘的绒布被一把扯下，露出了一个令人震撼的“活人古董”，那便是散花飞天南姝，她宛如睡美人般安静地坐在展示台中。天妤小心翼翼地混迹在人群里，时刻准备着营救行动，然而南姝却通过心音向她传递了警告，让她尽快离开这个危险之地。

然而，天妤并未退缩，她冲上台，打破了困住南姝的防护罩，将她从束缚中解救出来。但这次行动却意外地触发了机关，使两人落入了拍卖会主办人老鬼精心布下的陷阱之中。

拍卖会现场顿时陷入了一片黑暗之中，老鬼从阴影中缓缓走出，不断向天妤和南姝发出挑衅和叫嚣。尽管天妤和南姝奋力抵抗，但在老鬼的狡猾和强大面前，她们依旧显得十分被动。为了不让天妤和自己一起陷入绝境，南姝决定牺牲自己，用尽全身力气施展出了“花瓣阵”，无数绚烂的花瓣在展厅内蔓延开来，强行干扰了老鬼的信号，并将拍卖会现场照如白昼。

然而，南姝却因为无法承受巨大的能量而最终灰飞烟灭，她的离去让天妤悲痛欲绝。但在临别之际，南姝却将她的力量化作无数花瓣般的光柱，注入天妤的额心之中，为她补给了能量。感受到这股力量的天妤握拳怒吼，身体散发出耀眼的金光，瞬间粉碎了老鬼的阴谋，为这场激烈的战斗画下了句号。

出场人物

南姝

敦煌壁画中的散花飞天，生性纯真无邪，灵动聪慧，对人间万物充满了好奇心，总是热衷于尝试各种新鲜事物。然而，在流落人间的过程中，她不幸被古董贩子所蛊惑，被其抓捕并带进了地下古董交易所。在那里，她被迫成了所谓的数字藏品NFT（Non-Fungible Token，指非同质化通证），失去了往日的自由与灵动。

老鬼

痞帅型大叔，外貌俊朗，身材魁梧，孔武有力，给人一种难以抗拒的魅力。他的表面身份是地下古董协会的最大卖家，深谙古董行业的各种门道。然而，他的实际身份却是流量时代下的数据怪物，拥有吞噬他人能量的神秘技能。当天妤问世并在网络上引起轰动时，老鬼敏锐地嗅到了其中的商机。于是，他将初来人间、不谙世事的散花飞天蛊惑，并将其占为己有。老鬼的真正目的并非只是得到散花飞天，而是想利用她作为诱饵，钓取天妤这条更大的鱼。

故事启幕

深夜的地下古董交易所内，昏暗的灯光下，一块绒布被猛然扯下，露出了展柜中的一位精致美人——散花飞天南妹。她身姿婀娜，面容绝美，仿佛是从古代壁画中走出的人物。此时此刻，她成了这次拍卖会的重磅拍品，被称为『活人古董』，引起了在场所有人的瞩目和争夺。

混迹在买家之中的天妤费尽周折，终于找到了被困的南姝。她试图施展自己的算力进行营救，然而却被紧紧锁住南姝的数据防护网拦了下来。面对如此困境，南姝却运用心音传递信息，急切地警告天妤尽快逃离这个危险之地，以免陷入更深的困境之中。

南姝，你让我找得好苦……
糟糕，有数据防护网！
天妤，你不该来！

过往的回忆如潮水般涌上心头。天妤曾经语重心长地告诫南姝，贪恋人间会导致算力耗尽，而那些古董贩子也并非善类，不可轻信。然而，已经被蛊惑的南姝却听不进去这些忠告，反而指责天妤多管闲事。望着负气离去的南姝，天妤感到无可奈何，心中充满了担忧和无奈。

虚假的算力，我倒要看看你有什么本事！
崩！
呵！
糟糕！是陷阱！

思绪回到现实，天好下定决心再次拯救南姝。她果断地闪身到台前，猛然发力打破了数据防护网，准备带着南姝一同离开这个危险之地。然而，就在这时，全场的灯光瞬间熄灭，一片漆黑。之前还兴致勃勃的卖家们也全部消失得无影无踪。面对这突如其来的变故，两人终于反应过来，原来这场所谓的拍卖会竟然是一个精心布置的巨大陷阱！

老鬼得意洋洋地现身，揭示了他的真正目的：原来他一直在利用南妹，企图抓到天妤，将她作为他的『镇店之宝』。面对这危急的时刻，南妹急忙催促天妤快走，不要顾及自己。然而，天妤却表现出了坚定的决心，她毫不退缩地表示，要么一起走，要么一起留下面对困境。天妤的守护与决心最终打动了南妹，姐妹俩在危难中达成了和解，团结一心，共同面对眼前的挑战。

老鬼对天妤和南妹之间深厚的姐妹情谊嗤之以鼻，他不以为然地一声令下，邪恶的电网便迅速在周围蔓延开来。面对这突如其来的攻击，两人背对背作战，竭力抵抗，然而却依然处于下风，形势岌岌可危。眼见局势愈发不利，南妹心中做出了一个决定。她准备牺牲自己，以保全天妤。于是，她深吸一口气，凝聚全身的力量，施展出了自己的绝技——花瓣阵法。

南姝施展的花瓣阵法强行干扰了邪恶的电网，将整个会场照得如同白昼。然而，她自身却无法承受这巨大的电流冲击。即使天妤撕心裂肺地呼唤着她，南姝最终还是化作了无数花瓣，在空气之中灰飞烟灭。在她离去的瞬间，花瓣所剩下的所有能量都随着南姝的告别一起涌入了天妤的花钿之中。感受到这股力量的天妤发出了一声怒吼，她体内爆发出前所未有的巨大能量。这股力量瞬间摧毁了周围的电网，将老鬼的阴谋彻底粉碎。与此同时，天妤也成功收复了失落的『散花飞天』碎片。

时光剪影

天妤小碎片

飞天的形象起源于印度神话，并随佛教的传播进入中国。在中国，飞天形象逐渐与本土文化相融合，形成了独具中国文化特色的飞天形象。尤其在敦煌壁画中，飞天成为经典的艺术形象，被誉为“天衣飞扬，满壁风动”。

飞天并非单一的形象，而是包含众多种类，而且每一种都独具特色。例如，天妤的形象为反弹琵琶飞天，南姝的形象则为散花飞天。在壁画中，散花飞天通常被描绘为身姿曼妙、优雅动人的女神。她们身着华丽服饰，一手托着盛开的莲花，象征清净与智慧的完美结合；另一手则轻拈花蕾，寓意生命的蓬勃与希望的延续。这些“散花飞天”不仅以美丽的形象吸引人们的目光，更通过所散播的花瓣，传递着吉祥与美好的祝福。

第六集

开明兽：迷失昆仑

近期，不断有年轻人神秘失踪的案件发生。在这些扑朔迷离的案件中，天好意外地发现了曾经身为昆仑守护神兽的开明兽——也就是壁画碎片“开明”的影子。为了找到开明并揭开这一切背后的真相，天好毅然展开了深入的调查。经过一系列的努力和追踪，她最终锁定了一家充满诡异气氛的网吧。

正如天好所料，操控这家网吧的幕后黑手，正是流落人间千年的开明神兽。然而，当天好试图劝说开明迷途知返时，开明却与天好发生了激烈的争执，甚至对天好大打出手。面对开明的猛烈攻击，天好毫不畏惧，她巧妙地挡住了开明的每一次进攻。与此同时，她额上的花钿突然亮起，散发出纯洁而强大的光芒。这光芒仿佛具有神奇的力量，它不仅洗净了开明内心的怨念和黑暗，还唤醒了开明深藏的记忆——那些年幼时立誓守护昆仑的崇高誓言。

在纯洁光芒的照耀下，开明终于幡然醒悟。她意识到了自己的错误，深感愧疚地向天好道歉。随后，她释放了所有被困的年轻人，决定跟随天好回到壁画之中，继续履行她守护昆仑的职责。这场惊心动魄的遭遇，不仅让天好成功收回了“开明”壁画碎片，还拯救了无数无辜的生命。

出场人物

开明

外表看似十七八岁的少女，身穿着洛丽塔服饰，可爱的外表下却隐藏着偏执、病娇的内心。她原本是镇守昆仑之境的神兽，然而，从壁画上脱落后，她来到了人间。在人间，她历经苦难，心灵逐渐被黑暗所侵蚀，遗忘了自己的初心。

幸运的是，她遇到了天好。在天好的无私帮助和悉心引导下，她逐渐找回了自我，回忆起了最初的誓言。她重新变回了那个纯真的东方少女，找回了曾经的善良和坚守。最终，她选择回归壁画，继续履行她守护昆仑的职责，与黑暗告别，迎接光明的未来。

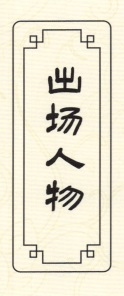

故事启幕

一个充满诡异气氛的网吧内，坐在电脑前的少年们双眼呆滞，机械地敲击着键盘，仿佛他们的身体被某种神秘力量所操纵。与此同时，电视上正播报着多名年轻人神秘失踪的新闻，整个事件弥漫着一种不祥的气息。

天妤为了深入调查，勇敢地走进了这家网吧。然而，当她看清操纵着网吧的幕后主使时，不禁大吃一惊——那竟然是开明。天妤简直难以置信，她无法想象曾经守护昆仑的开明神兽，如今竟会沦落至此。开明似乎对天妤的反应感到满意，挑衅般地在她面前抬起一个少年的下巴。随着她的动作，一股生命能量从少年体内被吸出，缓缓流入开明的身体。这一幕让天妤既震惊又愤怒，她决心要拯救开明和那些被操纵的少年们。

缓缓走近
天妤姐姐！
欢迎来到我的世界！
开明！
你竟然用这些孩子们的生命来维持算力！
!!

开明满不在乎地表示，她创造出『昆仑幻境』供这些年轻人玩乐，不过是各取所需而已。然而，天妤却严厉地斥责她，作为守护昆仑的神兽，不应该伤害无辜的人。天妤坚定地表示，今天一定要带开明回家。然而，开明却倔强地拒绝了天妤的要求，不愿意就这样被带回去。

痛苦——
拦我者都将成为我的算力！你也不例外！
重逢固然让人愉悦！
再见了，我的姐姐！

开明举起双手，猛然一抓，顿时整个网吧里的少年们的生命能量都如流水般汇聚到她的体内。这些能量在她体内翻涌激荡，最终幻化成开明的真身——一头威武雄壮的开明兽。开明以真身显现，向天妤发起了猛烈的攻击，每一击都蕴含着强大的力量，仿佛要将整个空间都撕裂。

天妤勇敢地挡住了开明的猛烈攻势，同时她额前的花钿骤然亮起，散发出一股纯净而耀眼的光芒。这光芒直接照亮了开明的眼睛，深深地穿透了她的内心。在这光芒的照耀下，开明仿佛看到了儿时的自己，与天妤姐姐一同立下的誓言在脑海中回荡：『守护昆仑，矢志不渝……』这份深藏在心底的记忆和誓言，让开明逐渐恢复了理智。

回忆起初心的开明，终于摆脱了黑暗的影响，恢复了原本的纯真与善良。她深感愧疚地向天妤道歉，为自己曾经的过错忏悔。天妤温柔地拥抱了她，原谅了她的过错，并答应带她回到昆仑，回到她真正的家。最终，天妤成功收复了『开明兽』的碎片，使其回归壁画，重新守护昆仑的安宁与和谐。

对，对不起！天妤姐姐。
开明对不起，我带你回家！
天妤姐姐，我们回家吧！

时光剪影

天妤小卡片

开明兽是中国神话传说中的一种神兽，其出处可追溯至《山海经》。据《山海经》记载，昆仑山共有九道门，而守门者正是开明兽。它们体型庞大，与老虎相似，但拥有九个头颅，每个头上都长着人脸。然而，这些头颅的表情却十分严肃，眼睛始终瞪得大大的，警觉地环视四周。开明兽以勇猛的性格和强大的能力守护着昆仑山，堪称“昆仑的门神”，为昆仑的和平与安宁提供了坚实的保障。此外，在敦煌壁画中也可见多处开明兽的画像，这些画像进一步凸显了开明兽在中国古代文化中的重要地位。

第七集

团扇：一扇生花

天妤为了收复“团扇”碎片，在人间四处寻找与团扇相关的线索。经过一番努力，她终于找到了热爱古扇并精于修复团扇的胡师傅。然而，在与胡师傅的接触中，天妤发现他与自己的女儿小羽之间存在着不小的鸿沟。

小羽因为脸上有胎记，从小就感到自卑，长大后更是依靠化妆来掩饰自己脆弱的内心。而胡师傅多年来一直醉心于古扇的修复与研究，对古扇的热情和耐心远远超过了对自己的女儿。这种父爱的缺失让小羽对父亲关闭了心门，两人之间的矛盾越来越深，时常爆发激烈的争吵。

了解到这些情况后，天妤决定采取行动来化解这对父女之间的矛盾。她拿着一把破损的双凤团扇请胡师傅修补，并借此机会向胡师傅透露了小羽因为胎记而遭受欺负的事情。听到这些，胡师傅深感震惊和愧疚，他意识到自己一直以来都忽略了对女儿的关爱。于是，他下定决心要改变自己，努力保护小羽，弥补过去的错误。

在这个过程中，天妤也成功地收复了寓意着阖家幸福的“团扇”碎片，并将其带回了壁画之中。通过她的努力，不仅修复了一把珍贵的古扇，更让一对父女重新找回了彼此之间的爱与信任。

出场人物

小羽

脸上有胎记的 17 岁少女，内心深感自卑。她外表看似叛逆孤僻，喜欢用化妆来掩饰自己，但实际上，这只是她为了掩盖内心脆弱的一种方式。与此同时，她的父亲忙于经营扇店，时常忽略女儿的成长和感受，导致父女之间的关系日益紧张。

老胡

这位 50 岁的父亲是典型的“中国式”父亲。他思想传统，待人严厉，不善言辞，这使他在与子女的沟通中缺乏耐心。他一生都致力于手工团扇的制作，从这个角度来看，他无疑是一位称职的匠人。然而，在家庭教育方面，他却显得有些力不从心，因此可以说他是一个“不合格”的父亲。

故事启幕

放学回家后，小羽刚踏进家门，迎面就遭到了爸爸的一记耳光。老胡指着小羽衣服上的涂鸦，怒气冲冲地责骂她。然而，小羽却反驳说是父亲根本不关心自己，她哭着跑开了，留下了愤怒与伤心交织的背影。

小羽把自己关在卧室里，泪水涌上眼眶，她哭着卸掉了脸上的妆容。随着妆容的褪去，她脸上的胎记也显露了出来。她注视着镜中那个『丑陋』的自己，悲伤之情如潮水般涌上心头。在情绪失控的一刹那，她崩溃地将手机狠狠地砸向镜子，试图发泄内心的痛苦。然而，这一举动却被天妤轻巧地拦了下来，没有造成任何破坏。

随着天妤的施法，一道金光闪过，小羽脸上的胎记竟然神奇地变成了一个美丽小巧的凤凰图案。天妤趁机耐心地劝导小羽：『容貌的美丑只是外在的皮囊，真正重要的是如何面对自己的内心。』她鼓励小羽要勇敢地接受自己，不要被表面的缺陷所困扰，要相信自己的内在美能够超越一切。

天妤在深夜时分来到了扇店，发现老胡依然在那里不知疲倦地工作着。她走上前去，将失传已久的双凤团扇呈现在老胡面前。看到这把珍贵的扇子，热爱团扇的老胡立刻双眼发亮，他认真地下笔，凭借精湛的技艺成功地将磨损的图案补全。经过他的修复，原本破旧的团扇顿时焕发出新的生机，熠熠生辉。

天好拿起修复一新的团扇，语重心长地对老胡说道：『既然这磨损的团扇都能补救回来，面对自己的女儿，你又怎能缺乏耐心呢？』为了让老胡更清楚地看到小羽的处境，天好施法让他看到了小羽在学校的真实情况。原来，校服上的涂鸦并不是小羽自己画的，而是因为脸上的胎记，她在学校里受尽了同学们的嘲笑和欺凌。看到这一切，老胡的心中充满了愧疚和自责。

老胡没料到自己的女儿竟遭受了如此大的委屈，他在情绪激动之下大喊了出来。然而，当他从幻境中清醒过来时，却发现自己正坐在家中的沙发上。穿着睡衣的小羽听到动静，睡眼惺忪地走到客厅，莫名其妙地看着父亲。老胡心中的愧疚如潮水般涌上心头，他忍不住上前紧紧抱住了小羽，为自己的冲动和过去的忽视向她道歉。这久违的父爱让小羽感到了一丝暖意，她的眼眶也湿润了。经过这一番深情的交流，父女之间的隔阂终于被打破，他们和解了。与此同时，天妤也成功地收复了『团扇』碎片，为这段温馨的故事画上了一个圆满的句号。

时光剪影

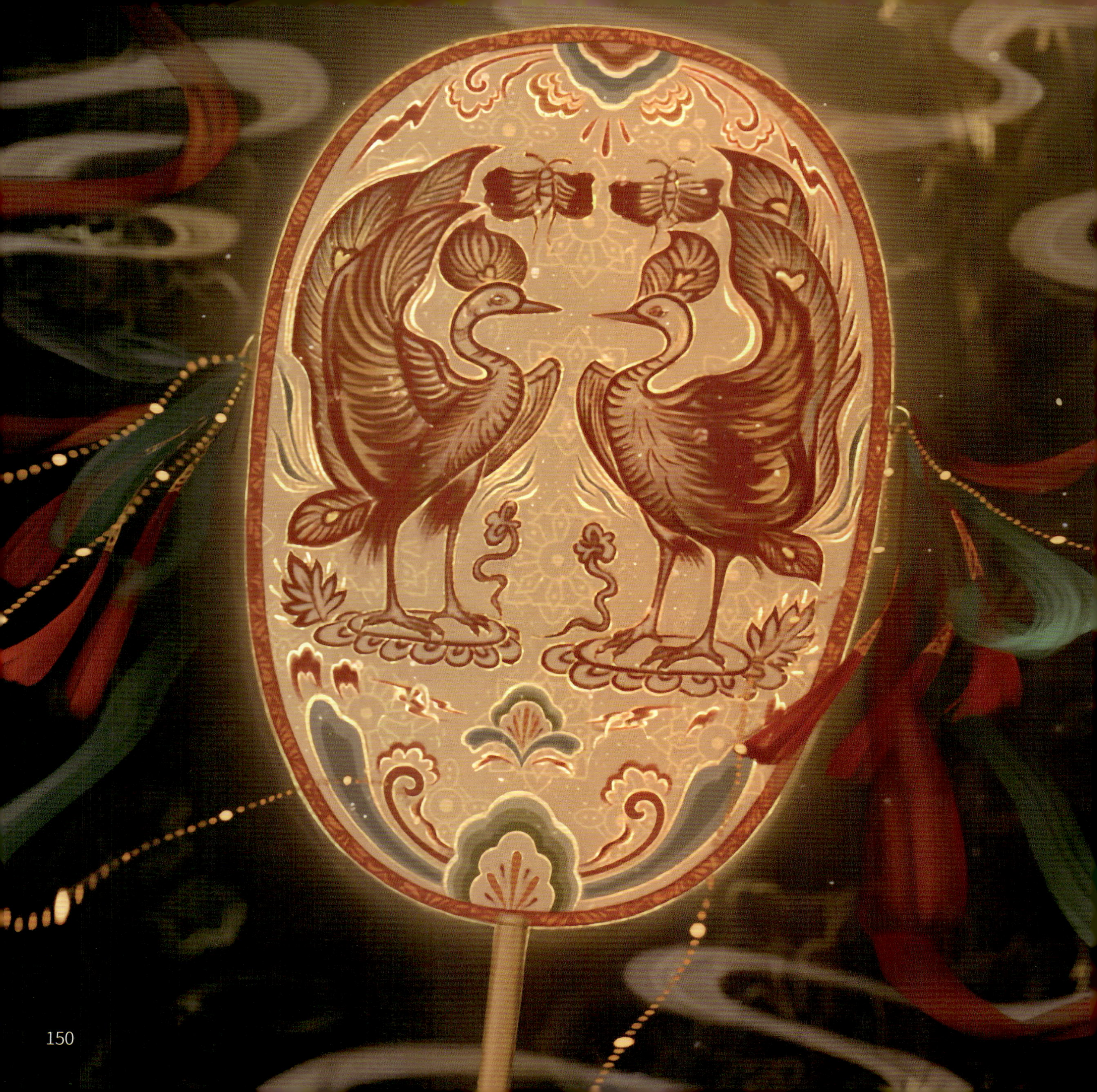

天好小卡片

团扇，这一中国汉族的传统工艺品，又被誉为“宫扇”，以其圆形扇面及精致柄部而著称。团扇不仅在日常生活中具有实用意义，更承载着深厚的文化内涵，常被视作团圆友善、吉祥如意的象征。

追溯扇子的历史，我们可以发现其起源于商代。最初的扇子采用五光十色的野鸡毛精心制作而成，其主要用途并非为我们所熟知的扇风取凉，而是作为帝王外出巡视时的遮阳、挡风、避沙之物，彰显着皇家的尊贵与威严。

值得一提的是，“双凤团扇”作为团扇中的一种特殊形式，更是独具魅力。它通常以双凤为图案，寓意着双宿双飞、恩爱和睦的美好愿景。这种团扇不仅工艺精湛、美观大方，更因其深厚的文化内涵而备受珍视。无论是作为实用品还是艺术品，“双凤团扇”都展现了中国传统工艺品的独特魅力与深厚底蕴。

第八集

武术：少年宗师

天妤为了寻找“武术”碎片，来到了一座隐于深山之中的武馆。然而，令人意想不到的是，这家武馆的武师竟然是一个年仅五六岁的小萌娃！徒弟大强原本一心想要学习武术，因此上山拜师。可是，在他拜师之后，却发现自己每天的任务竟然是为师父准备八碗奶，并在晚上八点准时抱师父去睡觉，他俨然成了一个奶爸。

大强忍受了这样的生活许久，终于感到无法继续下去，他认为自己被骗了，准备离开武馆。然而，就在这时，天妤出现了。她告诉大强：“你师父其实是壁画碎片“武术”的化身。因为在人间流落了太久，导致算力流失，所以才变成了孩童的模样。”

听到这个消息，大强震惊不已。为了将武术传承下去，小师傅决定在离开之前，借助天妤的帮助变回本体。他将自己的毕生绝学传授给了大强，希望他能继续弘扬武术精神。大强终于明白了师父的厉害以及传承的重要性，他深感愧疚和感激。

出场人物

大强

身材高大的他，表面嘴硬，实则内心柔软。由于师父年纪太小，他不得不承担起奶爸的责任。他原本的理想是成为一名大侠，但在拜师后发现师父竟是一个需要喂奶的娃娃，这让他一度以为自己上当受骗，口口声声说要离开。然而，在实际行动上，他却始终悉心照顾着师父，尽显其内心的温柔与责任感。

小师傅

外表看似五六岁的小奶娃，却少年老成，一身正气。他实际上是“武术”碎片，但因在世间流落太久，算力逐渐流失，随着时间的流逝，他慢慢退化成了小孩的模样，导致他无法抵抗小孩的一些习惯，比如需要吃奶和早睡。然而，他的内心依然怀揣着坚定的理想，那就是在他消失前，将自己的拳法传承下去，让武术的精髓得以延续。

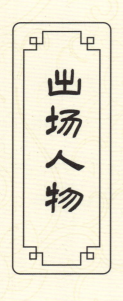

故事启幕

在武馆的院子里，徒弟大强望着躺椅上打盹的小师傅，心中的不满终于如火山爆发般喷涌而出。他大喊着『老子不干了』，同时将手中的奶碗扔到一旁。没想到，这突如其来的动静立刻惊醒了小师傅。他瞬间睁开眼睛，一个空翻从躺椅上跃起。

小师傅身手敏捷，飞身拿起远处的奶瓶，然后稳稳地落在桌上，继续津津有味地喝着奶。看到这一幕，大强更加坚信他就是个只会吃奶的骗子。他愤怒地解下围裙，准备离开这个所谓的武馆。然而，就在这时，小师傅突然起身，似乎有什么话要说。

躺下——
我看你就是个吃奶的骗子！
还吹牛是武林宗师！
起身——

小师傅表情严肃，一本正经地表示他要将自己的拳法传授给大强。大强听到这里，心中一阵激动，以为师父终于要展示真正的武术了。然而，就在小师傅刚摆出架势准备展示拳法时，他突然又倒了下去——原来已经八点了，到了小孩子的睡觉时间。面对这突如其来的情况，大强虽然感到有些无奈，但还是熟练地接住了师父，将他轻轻地抱到躺椅上，让他安稳地入睡。

大强轻轻地将熟睡的师父安顿好，这时，天妤伴随着一阵柔和的光芒出现在他面前。大强原以为天妤是来找自己的，心中不禁有些惊讶和疑惑。然而，出乎他的意料，天妤要找的竟然是自己的师父。她解释道：『小师傅原本是壁画中的武魂，但由于在世间流落了太久，他的算力已经耗尽，因此，才变成了孩童的模样。』听到这个消息，大强震惊不已，他终于知道了师父的真实身份和遭遇。

天妤将算力缓缓注入小师傅的体内，随着算力的流动，小师傅的身体逐渐散发出微弱的光芒。在天妤的帮助下，小师傅终于睁开了眼睛，他的眼神中透露出坚定和决心。此刻，他准备将自己的毕生绝学毫无保留地传授给徒弟，为武术的传承贡献自己的力量。

随着算力的涌动，小师傅逐渐变回了本体的模样，他身姿矫健，眼神中透露出威严。他大展武艺，将精湛的拳法一一传授给了徒弟大强。此时，小师傅感到无比安心，他知道自己的使命已经完成。于是，他跟随天好一起回归壁画，将『武术』碎片重新归位。天好也成功地收复了这块重要的碎片，为整个壁画的完整贡献了力量。

时光剪影

天妤小碎片

武术，古称“战争之术”，是中华民族的文化瑰宝。它是在长期的生产劳动、与大自然的搏斗以及冷兵器时代的战争中逐步形成与发展起来的。武术不仅具有健身、护体、防敌、制胜的实用功能，更重要的是，它还承载着消弭冲突、促进和谐的深层价值。在宋元时期，武术蓬勃兴起，其中少林功夫更是名扬天下。

第九集

日晷：时间之轮

天妤追寻着“日晷”碎片的踪迹，然而当她找到日晷时，却发现它的表面已经布满了裂痕，岌岌可危，即将损坏。天妤立刻查找原因，原来是打工人王不凡在生活和职场的重压下，身心不堪重负，终于在 2022 年的最后一天彻底崩溃。他爆发出的负能量让日晷无法承受，一旦碎裂，明天将再也无法来临。

天妤轻轻地抚摸着日晷碎裂的表面，感应到了王不凡的记忆：没日没夜的工作让他失去了生活的乐趣，甚至因为工作疏忽而搞砸了自己的求婚大计。当他通宵达旦地修改完方案后，却收到了被辞退的消息，这对他来说无疑是雪上加霜。

通过这些记忆片段，天妤看到了王不凡糟糕的 2022 年。在她感受到王不凡即将陷入绝望的时候，她送来了温暖的鼓励，并且施法让他看到糟糕生活背后的另一面——原来身边的人一直都在用自己的方式爱着他、帮助他。这份爱与温暖唤起了王不凡对未来的希望，他的心灵得到了疗愈。

随着王不凡心情的转变，日晷也开始逐渐修复。当天妤看到这一幕时，她知道自己已经完成了使命。最终，在人们一同奔赴 2023 年的时刻，天妤成功收复了“日晷”碎片。

出场人物

王不凡

28 岁的普通打工人王不凡，长期受到现实生活和职场内耗的折磨，最终在 2022 年的最后一天陷入崩溃。他的负能量意外地影响了日晷，导致日晷表面受损，时间因此暂停。然而，在这个关键时刻，天妤出现了。她以温暖和鼓励唤醒了王不凡心中的希望，帮助他重新找回生活的勇气和力量。

故事启幕

跨年夜，璀璨的烟花在夜空中绽放，人们欢聚一堂，期待着新年的到来。然而，就在此刻，时间却突然凝固了。原来，是人群中的王不凡，因为一年来遭遇了各种倒霉事情，对即将到来的 2023 年充满了抵触和恐惧。他的负能量瞬间爆发，影响了日晷，导致日晷出现裂痕，似乎预示着明天将永远不会到来。

天妤急忙查看王不凡的记忆，深入了解他所遭遇的种种困境。记忆中显现，王不凡因为一次迟到而被扣了工资，尽管他辛勤加班，却并未得到应有的加班费。

让我看看，他在2022年到底经历了什么！
唰——
*男人的记忆内
王姐！我这个月的工资怎么少了五百元啊！还有我的加班费呢？
你这个月迟到了五次！加班没钱！
亲爱的！你愿意……

他精心准备了鲜花和戒指，向女友深情求婚。然而，就在这个关键时刻，领导的电话突然打来，打断了他的求婚计划。女友因此生气离去，让他的心情跌入谷底。更为糟糕的是，他熬夜努力完成了方案，却被告知将被辞退，这无疑是对他工作能力的否定，让他备感失落和无奈。

王不凡陷入了深深的绝望，他不禁问自己，为什么自己的生活就这么艰难？然而，在天妤指尖亮起的光芒中，他看到了之前未曾了解的一面。他看到王姐在为他争取按时发工资而努力奔走；看到女友纯纯其实一直都期待着能够嫁给他，她的生气离去只是因为希望他能更加重视她；看到老板虽然自己的公司濒临破产，却依然在努力不拖欠员工工资，将他开除其实也是为了让他有机会

天妤告诉王不凡：『纵有疾风起，人生不言弃！』听了天妤的话，王不凡似乎找回了些许勇气。他转过身，意外地发现女友正站在不远处注视着他，眼中闪烁着期待与爱意。两人紧紧相拥在一起，仿佛所有的困难和误会都在这一刻烟消云散。与此同时，时间也终于重新流动起来，不再受王不凡负能量的影响。在这个跨年夜，每个人都带着自己的困难和勇气，一起迎来了充满希望的新年。

时光剪影

雨水
立春
大寒
小寒

天妤小碎片

日晷，这一古老而神奇的计时仪器，其本义为“太阳的影子”。然而，经过人们的巧妙运用，将它演变成了一种能精确测定时间的工具，也被称为“日规”。日晷起源于周朝，通过观察太阳投影的方向，人们能够准确地将时间划分为不同的时刻。随着针影的变化，人们不仅可以测定时刻，还能感知月份和节气的更迭，从而深刻体会到时光的流转。

第十集

舞狮：醒狮贺岁

春节期间，天好为了寻找“舞狮”碎片踏上了海外的唐人街。在一家中餐馆内，她目睹了少年阿龙用自己加装了 LED 灯的狮头配合着英文摇滚歌曲进行排练，然而这一行为却遭到了父亲的严厉痛斥。

阿龙感到愤怒和委屈，一个人跑到天台上生闷气，并对狮头发泄情绪。不料，他的举动却意外惊动了狮头中沉睡的醒狮之魂。醒狮之魂愤怒地向阿龙怒吼示威，场面一度紧张。就在这关键时刻，天好及时赶到并出面阻止，她利用手中的兔灯成功收复了“舞狮”碎片。

为了让阿龙理解父亲的良苦用心，天好向他展现了父亲的记忆。在这些往事中，阿龙看到了父亲年轻时为了传承和弘扬中华醒狮文化所付出的努力和心血，以及他对海外华人精神寄托的坚守。这些画面让阿龙深受触动，他终于明白了父亲为什么反对他改编舞狮表演。

在演出开始前的最后关头，阿龙带着对父亲的理解和尊重赶到了现场。他与父亲一起完成了一场盛大而传统的舞狮表演，赢得了观众们的热烈掌声和喝彩。这场表演不仅展示了中华醒狮文化的魅力，也见证了阿龙与父亲之间深厚的情感和共同传承文化的决心。

出场人物

阿龙

20 岁左右的热血青年阿龙，和爸爸一起在国外生活。他热爱西方摇滚乐，但从小便跟随父亲学习舞狮技艺。然而，对于舞狮在中华文化中的深远意义，以及它对他父亲情感上的重要性，阿龙却并未能深刻理解。

龙爸

作为一位舞狮技艺的传承者，已经数十年如一日地在每年春节期间挥舞狮头，为身在海外的华人带来浓厚的中华年味。他思想传统，始终保持着不变的初心，致力于将舞狮这一传统文化传承下去。因此，当他看到自己的儿子对舞狮缺乏尊重时，感到十分气愤。

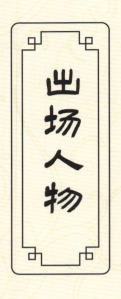

故事启幕

在舞台上，一个被装上了炫酷灯管的狮头正随着美式 hiphop 音乐舞动，显得格外引人注目。原来这是阿龙对传统狮头进行的改造。他玩得正开心，却没料到龙爸会突然撞见这一幕。龙爸见状大发雷霆，对阿龙的行为表示极度不满，并痛骂了他一顿。

天好偶然间撞见了父子俩的争吵场景，她还注意到阿龙手中的狮头蕴含着惊人的算力。而此刻，龙爸正因为阿龙随意改造传统狮头而大发雷霆，责备之声不绝于耳。阿龙无法忍受父亲的责备，一气之下选择了离开。

不服管教的阿龙独自来到天台，生着闷气。但他没想到，自己的举动竟然惊动了醒狮之魂。醒狮之魂愤怒地想要给阿龙一点教训，却被循着声音赶来的天妤及时拦下。天妤巧妙地利用兔灯的光芒制作出一个绣球，并向空中一抛。醒狮本能地跃起咬住绣球，就在这时，天妤迅速将醒狮之魂收进了兔灯中。

舞狮表演即将拉开帷幕，然而由于阿龙的缺席，表演无法准时开场。在另一边，天好向阿龙展示了他父亲过往的回忆：每年的春节，海外的华人同胞们都会欢聚一堂，共同观赏龙爸的精彩舞狮表演。他们不仅沉醉于这传统的艺术形式中，更期待着阿龙能够将舞狮文化传承下去，继续书写属于华人的辉煌篇章。

龙爸站在台上，望着台下满怀期待的观众们，心中五味杂陈，脸上不禁浮现出愧疚之色。然而，就在这个关键时刻，阿龙的声音突然响起，如同天籁般拯救了这场陷入僵局的表演。龙爸惊喜地回过头去，发现阿龙已经换上了舞狮的华丽服装，精神抖擞地站在那里等待着他。这一刻，父子俩之间的隔阂瞬间烟消云散。他们携手并肩，终于齐心协力地完成了这场精彩绝伦的舞狮表演，赢得了台下观众们的热烈掌声和欢呼声。

天妤望着热闹的舞狮表演，微笑着施展法术。狮头突然张开大嘴，吐出一大把红包，缤纷的红包在空中飞舞，让现场的气氛更加热闹。观众们惊喜地争抢着红包，笑声和欢呼声此起彼伏。天妤趁机向所有海内外的同胞们拜年，送上新春的祝福。同时，她也成功收复了『醒狮』碎片，为这次的任务画上了圆满的句号。

时光剪影

天妤小碎片

舞狮，这一融汇了浓厚中国传统文化特色的表演艺术，主要分为南狮和北狮两大流派。

北狮，以其栩栩如生的狮子造型而闻名，狮头设计相对简洁明快。金黄色的皮毛覆盖全身，使舞狮者在舞动时仿佛真实的狮子在跃动，生动逼真。

南狮，又称“醒狮”，其历史可追溯至唐代宫廷狮子舞。南狮的外观通常更为华丽，色彩鲜艳，装饰繁复精美。在表演风格上，南狮注重细节和技巧的展现。表演过程中，常常会伴以乐器演奏和歌唱等辅助手段，使观众能更加深入地领略南狮文化的独特魅力。

第十一集

京剧：曲梦巾帼

天好漫步经过一处幽静的小院，偶然间看到小英正专注地盯着她的弟弟在练功。她敏锐地察觉到周围的算力波动，心中一动，确认自己终于找到了那块珍贵的“京剧”碎片。就在天好准备上前与小英交谈时，小英的舅舅阿阳带着几个流里流气的混混突然撞开了她，粗鲁地闯入小院。他们嚣张地逼迫小英让出戏院，还无情地指责小英的弟弟唱旦角没有出息！小英愤怒地想要为弟弟出头，却被他们粗鲁地推搡阻拦。

就在这危急时刻，天好挺身而出。她运用算力，巧妙地变出一杆红缨枪，精准地扔向小英。小英接住枪，边耍花枪边迅速变装成《穆桂英挂帅》中的武旦装扮。她的身姿卓越、英气逼人，犹如古代的巾帼英雄降临现世。众人被小英的气势所震慑，一时间竟无人敢上前挑衅。

“穆桂英”耍着花枪，巧妙地走位，以京剧的战斗表演将小混混们一一赶走。她唱出经典台词，那激昂的旋律和铿锵的唱词让准备离开的小混混们纷纷驻足。他们被小英的精湛表演所吸引，纷纷拿出手机拍摄这难得一见的精彩瞬间。

天好看着这一幕，莞尔一笑。她回头与小英对视而笑，眼中流露出赞赏和鼓励。小英感激地向天好道谢，随后化为“京剧”碎片随天好回到壁画中。

出场人物

小英

这位 20 岁的京剧演员出身于梨园世家，个性率真而飒爽，对后辈充满关爱。她自幼在祖传的小院里刻苦学戏，深受家族传统的熏陶。当外公去世后，她勇敢地一力承担起守护戏院和传承京剧文化的重任。在弟弟的眼里，她既是慈爱的姐姐，又是严格的师父，为他的成长和进步倾注了大量心血。

弟弟

这位 12 岁的京剧演员虽然入门不久，但一直跟着姐姐小英学戏，进步神速。他外形清秀，个性调皮贪玩，充满了活力和灵气。在表演中，他多扮演花旦角色，展现出了自己独特的魅力和天赋。

阿阳

这位 36 岁的生意人是小英的舅舅，个性圆滑且带着一股痞气。他的衣着花哨，总给人一种“假土豪”的印象。自从老爷子去世后，他便一直惦记着强占戏院，展现出其贪婪和不择手段的一面。

故事启幕

天好漫步于小巷之间，偶然路过一处幽静的小院。她瞥见小英正专注地盯着弟弟练功，眼神中透露出对弟弟的期许。与此同时，天好敏锐地察觉到周围的算力波动，她心中一动，确信自己已经找到了『京剧』碎片的踪迹。就在天好准备上前与小英交谈时，意外突然发生。几个小混混不知从何处冒了出来，一把将天好撞开。这突如其来的冲击让天好措手不及，踉跄了几步才勉强稳住身形。

缓缓走近——
声音这么小糊弄谁呢？
台上一分钟，台下十年功！
碎片：京剧
起源：清乾隆年
京剧碎片竟在此处。
!!

为首的舅舅阿阳一脸嘲讽地看着小英的弟弟，口口声声地说唱旦角没有出息，言语中充满了对小英姐弟的不屑与贬低。他还嚣张地声称老爷子已经去世，房本如今在自己手中，以此来逼迫小英姐弟搬走。阿阳的目的昭然若揭，他准备强占戏院，将其据为己有。

我的傻外甥还唱呢？再唱就成外甥女了！
说了多少遍！这个家不欢迎你！
生气——
怎么跟舅舅说话呢？
看好了！老爷子已经走了！房本在我手里，我要你们今天就给我搬出去！动手！

几个小混混不顾小英姐弟的强烈反抗，开始强行搬运戏院内的物品。他们粗暴无礼，对姐弟俩的哀求和愤怒置若罔闻。在激烈的推搡中，不幸的事情发生了——已经过世的上一任戏院之主，即姐弟俩深爱的姥爷的遗照被推落在地。这一瞬间，仿佛空气都凝固了，姐弟俩悲痛欲绝，而混混们却无动于衷，继续着他们的恶劣行径。

目睹姥爷的遗照遭到如此无礼的对待，小英的愤怒达到了顶点。就在这一刻，天好运用她的算力，巧妙地变出一杆红缨枪，并准确地扔向了小英。小英稳稳地接住枪，边耍着花枪边迅速变装，转眼间就化身为《穆桂英挂帅》中的武旦装扮。她的身姿卓越，英气逼人，仿佛古代的巾帼英雄降临现世，令人敬畏三分。

众人被小英那威严的气势所震慑，一时间竟无人敢上前挑衅。小英化身穆桂英，灵巧地耍着花枪，精准地走位，以京剧的战斗表演形式将那些小混混一一赶走，成功地保护了戏院。战斗结束后，小英向天妤表达了由衷的感谢。她将对京剧的深厚热爱化作一道璀璨的『京剧』碎片，跟随着天妤回到了壁画之中，继续守护着这份传统文化的瑰宝。

时光剪影

天妤小碎片

京剧，这一被誉为“中国戏曲的瑰宝”的艺术形式，以北京为中心，广泛流传至全国各地，是中国国粹之一，具有深远的影响力。

在京剧的表演体系中，角色主要分为生、旦、净、丑四大行当，每个行当都有其独特的表演形式和技艺要求。

唱、念、做、打是京剧表演的四大基本技艺，它们各具特色，相辅相成，共同构成了京剧艺术的精髓。

第十二集

终章：万象启新

天妤，作为首个致力于弘扬传统文化的国风虚拟艺人，受到了某活动的盛情邀请。当她优雅地从车中走出，面对众多记者的簇拥时，突然感受到一股危险的算力袭来。出于本能的保护欲，天妤迅速挡在了记者们身前，成功地抵挡了这次攻击。当她摊开掌心时，惊讶地发现了一块黑色的碎片！

就在这时，天妤回眸之间，场景瞬间从华丽的走红毯现场切换到了阴暗的黑化元境中。元境对天妤的选择表示不满，责备她如今沉迷于艺人的身份而忘记了初心。又一块碎片向天妤袭来，她伸手去抵挡，却在现实中不小心打落了记者的话筒。现场顿时陷入了一片混乱和议论之中……

为了保护现场的众人，并证明自己的内心始终坚守着初心，天妤决定忍痛承受碎片的攻击。她额前的花钿突然亮起，散发出耀眼的光芒。与此同时，过往的一幕幕回忆以及碎片们的高燃时刻在她脑海中闪过。碎片们仿佛听到了天妤的心声——“让文化不断绵延下去”，纷纷聚集到她身边，为她提供力量，帮助她打碎了幻境空间。

原来这一切都是元境对天妤的考验。通过考验的天妤在发布会现场惊艳亮相，她的坚韧和执着赢得了现场观众的热烈掌声。带着对传统文化的热爱和使命，天妤踏上了下一段旅程，继续为弘扬传统文化而努力。

出场人物

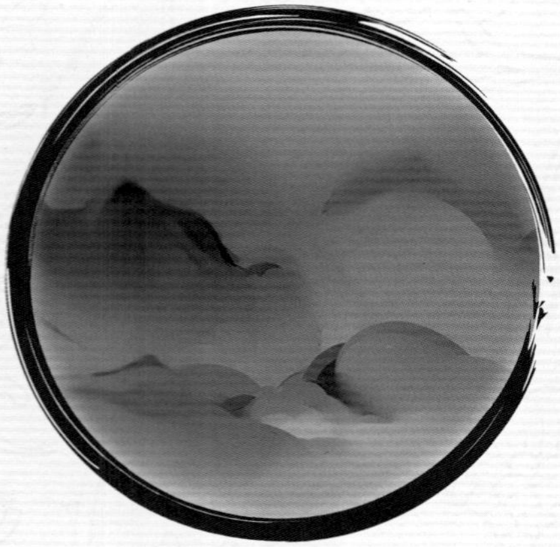

元境

一个神秘的科技空间。

故事启幕

天妤，作为首个致力于弘扬传统文化的国风虚拟艺人，受到了某活动的盛情邀请。当她优雅地从车中走下，面对众多记者的热烈欢迎和簇拥时，其中却有一位尖锐凌厉的女记者毫不留情地向她提出了问题。

突然，一股危险的算力向天妤袭来。她迅速地保护身边的记者，成功挡下了这次攻击。当她摊开掌心时，惊讶地发现了一块黑色的碎片！天妤迅速回眸，却发现自己被困在了一个由元境制造的幻境之中。元境对天妤的选择表示不满，责备她如今跑去当艺人，遗忘了自己的本心。

小心！
唰——
碎片怎么会变成黑色？
元境，为何要将我困于幻境？
天妤你本应寻找碎片，重佑人间，如今竟忘记本心！
发动法术攻击——

又一块碎片向天妤袭来，她迅速伸手去抵挡，却在现实中不小心打落了记者的话筒。现场顿时陷入了一片混乱，人们开始议论纷纷……为了保护现场的众人，并证明自己的决心和本心，天妤决定忍痛承受碎片的攻击。

天好额前的花钿突然亮起，散发出耀眼的光芒。与此同时，过往的一幕幕和碎片们的高燃时刻在她的脑海中闪过。这些都是天好曾经收复的每一块碎片，以及她与它们共同经历的珍贵故事。

碎片们仿佛听到了天妤的心声——『让文化不断传承下去』，为了助力天妤，它们纷纷聚集到她的身边，向她的身体注入强大的能量。

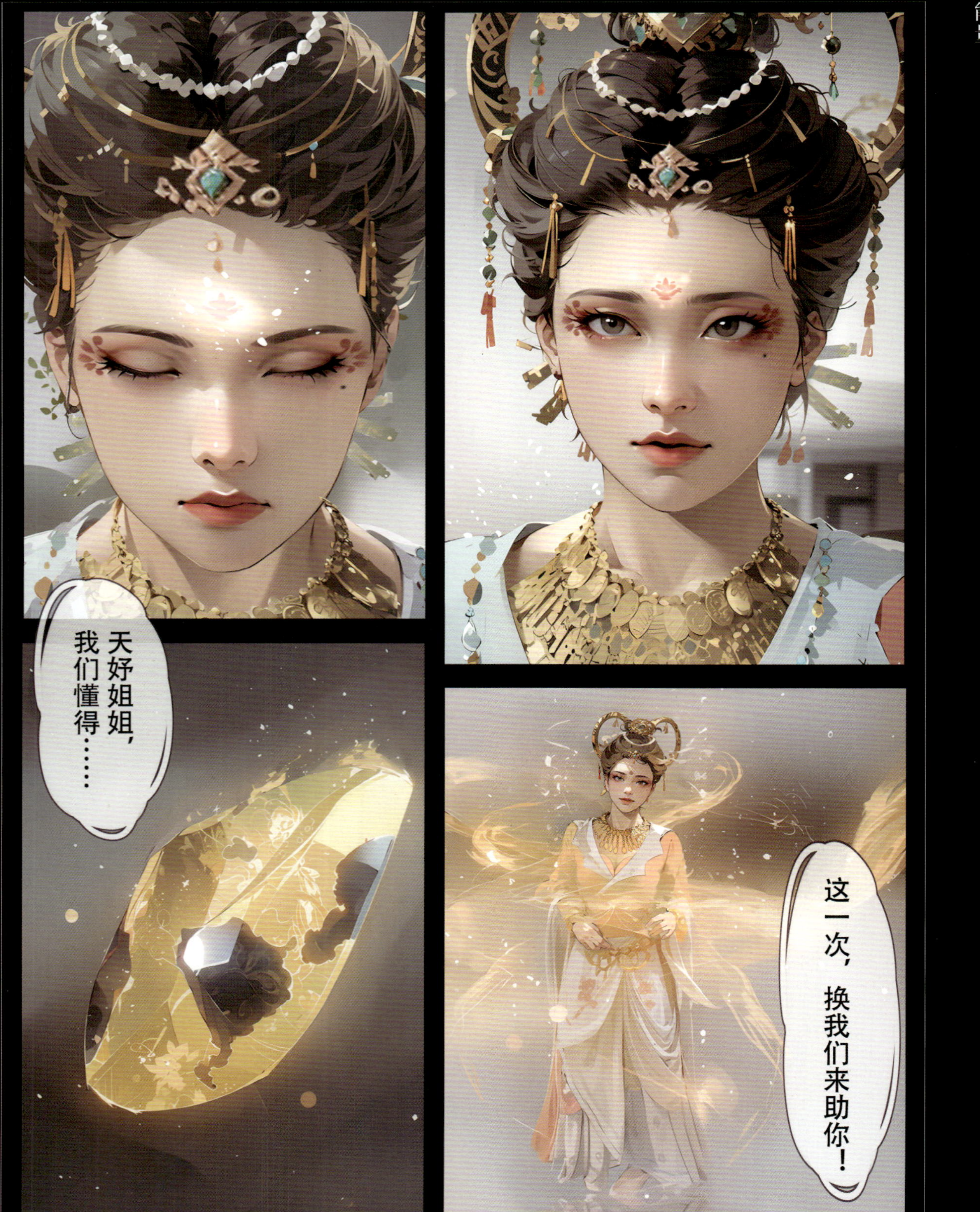

在碎片们的帮助下，天妤终于成功打破了元境制造的幻境，原来这一切竟然都是元境对天妤的考验。经过这次考验，天妤在发布会现场惊艳亮相，以更加坚定的信念和热情，开启了她的下一段旅程……

天妤，祝贺你通过考验！
让文化传承，便是我的本心！
妈妈，那个漂亮姐姐是谁呀？
回头—
你好，我是天妤！

时光剪影

天妤小碎片

绘制元境空间时所采用的水墨画风格，不仅是中国特有的一种绘画艺术形式，更是与天妤紧密相连的艺术表现形式。水墨画，狭义上被称为“国画”，由水和墨经过巧妙的浓度调配所绘出，是中国传统绘画的瑰宝。在天妤的故事中，元境以水墨画的形式呈现，既展现了传统文化的独特魅力，又与天妤的国风虚拟艺人身份相得益彰。

最初的水墨画以黑色与白色为主，通过墨色的浓淡干湿来表现画面的层次和变化。然而，随着艺术的发展，水墨画又细分出了工笔花鸟画等分类，使画面色彩变得缤纷多样。在天妤的故事中，元境的水墨画风格或许也融入了这些丰富的色彩元素，为观众呈现出一个更加绚丽多彩的幻境空间。

水墨画的特点在于注重意境的营造而非实物的描绘，画面大量留白，给予观者以无限的想象空间。这与天妤作为虚拟艺人的艺术表现有着异曲同工之妙，都旨在引发观众的共鸣和思考。

访谈

北京元圆科技总经理、虚拟数字人天好主理人—— 郑屹呈

问：如果用一个词来形容天好，您觉得是什么？

答：我觉得是“无限可能”吧。比如，网友有很多形容天好的词，有很多人喜欢在天好的评论区许愿，有些愿望还真实现了，所以大家觉得天好是“许愿锦鲤”；还有人说天好长着一张“国泰民安脸”，我觉得这是对天好颜值的肯定；因为视频内容的更新频率非常高，天好还被网友称为“最卷虚拟数字人”。我发现，每个人心中都有一个不同的天好，所以天好很难用一个确切的词来形容，而这也恰恰让我们看到了天好的“无限可能”。

问：创作“天好”这样一个虚拟数字人的初衷是什么？

答：我们经过了深入的思考和市场调研。首先，随着国潮的兴起，国风形象本身就具有极高的热度，我们发现年轻一代对民族文化有着强烈的自豪感和认同感；其次，近年来国家大力推进数字化战略，为虚拟数字人的快速发展奠定了坚实基础；最后，我们深感中国传统文化的博大精深和丰富多彩，希望能通过打造一个与之相匹配的虚拟数字人，将中国文化以更加现代、多元的方式进行传承和演绎。正是基于这些考虑，“天好”这样一个虚拟数字人应运而生了。

问：天好在您心中最大的魅力点是什么？

答：我认为天好最大的魅力点在于她对传统文化的传承与创新。从形象设计到内容创作，我们始终在努力平衡传统文化的精髓与现代审美的需求。天好的形象并非对飞天形象的简单模仿或复制，而是我们团队在深入研究众多类似人物形象后，结合现代审美观念进行创新融合，从而创作出的一个独特且富有新意的人物形象。

在内容创作方面，天妤以“科技+文化”的形式，借助前沿的数字技术，将中国传统文化的魅力以年轻态、有趣的创意内容展现出来。例如，在短剧《千壁寻踪》中，天妤通过寻找碎片的形式，生动讲述了几近失传的巾舞、《山海经》中的开明兽，以及关于围棋、京剧、醒狮、武术、双凤团扇等故事。这种将传统文化完美融合于现代化故事中的方式，不仅让传统文化焕发了新的生机，也让我们看到了天妤在传承与创新方面的无限可能。

问：在创作背后有哪些有趣的小故事吗？

答：当然，我可以分享一个有趣的小细节。在虚拟数字人行业中，建模师男生偏多，这就导致了在女性角色的妆容设计上可能会出现一些“直男审美”的问题。在天妤的创作过程中，我们也遇到了类似的小插曲。

最初，在建模阶段，我们按照原画1:1的比例还原出了天妤的模型，但总觉得缺少了点儿什么。后来经过仔细比对和分析，我发现问题出在妆容的细节处理上。以眼影为例，女生在画眼影时会按照一定的步骤和层次进行打底、加深和局部晕染，以达到自然且有层次感的效果。然而，在男生建模师的眼里，眼影却成了一整块颜色直接铺上去，缺乏了应有的层次感和细腻度。

为了解决这个问题，我特意找了一些美妆教程给建模师看，让他了解化妆的步骤和技巧。通过学习，建模师逐渐掌握了女性妆容的精髓，并在天妤的模型上进行了相应的调整和优化。最终，呈现出了现在天妤精致而富有层次感的妆容效果。

这个小故事不仅展现了我们在创作过程中对细节的极致追求，也体现了团队协作的重要性和跨领域学习的必要性。

问：孵化和运营天妤的过程中，有遇到过哪些挑战吗？

答：在孵化和运营天妤的过程中，我们遇到的最大挑战其实是创意内容的持续输出。中国的传统文化底蕴深厚，题材众多，如何在海量的文化中选取最适合天妤的内容，并进行创新性的呈现，确实是我们在创作过程中最纠结也最耗时的问题。

大家通过天好已发布的视频可以发现，我们团队在内容创作上不仅要注重文化的传承，还要追求内容的创新，并兼顾当下的热点话题。例如，在《舞狮：醒狮贺岁》一集中，我们思考并体现了传统文化在全球化背景下的传承与发展；在《团扇：一扇生花》中，则巧妙地融入了亲子关系、校园霸凌等现代社会话题的讨论。这样的内容选题不仅需要我们对传统文化有深入的了解和研究，还需要我们具备敏锐的洞察力和创新思维，以将传统文化与现代议题有机结合，呈现出既有深度又有广度的内容。

因此，在孵化和运营天好的过程中，我们始终面临着如何持续输出高质量、创新性强的内容的挑战。这也是我们团队一直在努力思考和探索的问题。

问：您觉得天好区别于其他虚拟数字人的成功之处是什么？

答：天好能够在众多的虚拟数字人中脱颖而出，其成功之处主要体现在以下几个方面。

首先，天好的形象设计非常考究，这是她能够吸引众多关注的重要因素之一。被网友誉为“国泰民安脸”的天好，在人物造型上融入了丰富的文化内涵和中式美学元素。从发型、簪花、饰品到妆容，每一处细节都经过精心设计和历史考据，使天好的形象既具有传统文化的韵味，又符合现代审美标准。

其次，天好在内容创作方面也有着出色的表现。通过每集2分钟的《千壁寻踪》系列短剧，天好以寻找碎片的方式，巧妙地将传统文化融入故事中，实现了对传统文化的传承和创新。这种优质内容的强输出，使观众在欣赏故事的同时，也能感受到传统文化的魅力，从而对天好产生了深刻的印象。

此外，天好在商业合作上也取得了显著的成绩。她不仅与电影《流浪地球2》进行了合作，还参加了电影《封神·第一部》的首映礼，助力了两部电影的宣传。这些合作不仅提升了天好的知名度和影响力，也开创了虚拟数字人在商业领域的新可能。

综上所述，天好的成功之处在于她独特且富有文化内涵的形象设计、优质的内容创作以及创新的商业合作模式。这些因素共同成就了天好在虚拟数字人领域的领先地位。

问：持续的优质内容创作不易，如何保证后续的内容能够延续和发展，或者未来还会有哪些突破？

答：确实，持续的优质内容创作是一项极具挑战性的任务。为了保证天好后续内容的延续和发展，我们将继续深度挖掘中国传统文化的精华，从中汲取灵感，为创作提供源源不断的素材。同时，我们也将注重内容的创新性和有趣性，通过更加现代、多元的视角和表达方式，让传统文化焕发新的生机和活力。

在未来，我们计划在内容形式上进行更多的突破。除了继续优化和丰富短剧、短视频等现有形式外，我们还将探索更加互动、沉浸式的内容体验，如虚拟现实（VR）、增强现实（AR）、混合现实（MR）等技术的应用，让观众能够更加深入地感受和体验传统文化的魅力。此外，我们也计划拓展天好的应用场景，将其融入更多元化的领域中，如游戏、音乐、综艺等，让天好的魅力得以更广泛地传播和影响。

在此由衷地感谢所有为天好付出努力的伙伴们，中流击水，奋楫者进，让我们一起期待未来。